깨달음에 이르는 열가지 단계
十十 牛우 圖도

곽　암(廓庵) 저(著)
이희익(李喜益) 제창(提唱)

경서원
2003

책 머리에

  선(禪)에 돈오(頓悟)라는 말이 있다. 이 말은 곧 깨친다는 말도 되고 별안간 깨친다는 두 가지 말로 풀이되는데, 전혀 공부가 없이 별안간 깨치거나 곧 깨친다는 것은 아니다.
  이미 공부가 쌓여 심경이 순숙한 때 기연(機緣)이 오면 그 깨치는 찰라는 시간의 여유를 두지 않는다. 그러니까 이미 공부가 쌓이지 않고는 돈오(頓悟)란 있을 수 없다.
  "견색오도・문성오도"(見色悟道・聞聲悟道)라는 말이 있다.
  즉 동산 스님은 빨갛게 핀 복사꽃을 보고 돈오했고, 운문 스님은 식사하라는 북소리를 듣고 깨쳤다고 한다. 이 두 스님 다 다년간 피땀나는 공부가 쌓여 기연이 다달아 깨쳤던 것이다.
  십우도(十牛圖)는 북송(北宋) 말경(12세기)에 정주(鼎州) 양산(梁山)에 주지했다고 하는 곽암사원(廓庵師遠) 스님의 저작이라고 한다.
  우리가 원래 가지고 있는 불성을, 중국에서 가장 사람과 친근하고 근기(根氣)가 굳센 동물인 소를 인용하여, 불성을 구하는 수행과정들이 목동(牧童)이 소를 먹여 기르는 열 장의 그림과 시(詩)로 표현되어 있다.

열 장의 그림과 각단(各段)의 송(頌)은 곽암 스님 자신이 지었고 총서(總序)와 각단의 소서(小序)는 곽암 스님의 제자인 자원(慈遠)이 지었다고 한다.

이 십우도의 특징은 총서 및 각 소서가 원문보다 더 구체적으로 쓰여있는 점이다. 각 단계(Process)마다 서·송·화·우(序·頌·和·又)의 네 가지로 구분되어 있어서 독자가 더욱 이해하기 쉽게 되어 있는 점이 특색이라 하겠다.

단계마다 원리(原理)가 같으므로 해설함에 있어서 중복된 데가 많은 점을 이해하여 주기 바란다.

그런데 십우도(十牛圖)는 글자대로 깨침에 있어서 열가지 단계를 설(設)하여 다음 다음 공부하지 않으면 아니 된다고 하였는데 그에는 그만한 이유가 있다. 소위 깨침에는 잡념 망상을 제거해야 하는데 이가 사실은 열 가지 정도가 아니다. 천 가지 만 가지가 있다.

그러니까 천 가지 만 가지 단계를 거치지 않고는 안 될 일이지만 우선 열 가지 단계로 나누어 깨쳐보자는 것이 이 십우도(十牛圖)의 의도이다.

더욱 사람과 가장 친근하고 근기(根氣)가 제일인 소를 내

세운 것은 한층 흥미있는 일이다. 따라서 《선어록(禪語錄)》중에서 으뜸가는 것으로 정평이 있으므로 잘 음미해 보기 바란다.

1985 년 10 월   일

이 희 익 (李喜益)

권하는 글

　오늘날 우리는 교통수단의 발달로 주말의 짧은 여유를 이용해 우리의 산하 구석구석을 손쉽게 살필 수 있는 시대에 살고 있다.
　한편 우리의 발길이 닿는 곳마다 대개 유서깊은 명찰(名刹)이 자리하고 있으며, 우리들은 이들 이름있는 절들의 법당 벽에 그려진 열 폭의 소 관련 그림을 자주 접할 기회가 있었을 것이다. 그러나, 신도들을 포함해 대부분의 방문객들은 이들 소 그림들이 무엇을 나타내고자 했는지는 별 관심없이 피상적으로 이들 그림들을 감상하곤 했을 것이다. 특히 신도 분들의 경우 같이 동행했던 비신자 분들의 그림에 대한 설명 요청에 그 뜻을 잘 몰라서 당황해한 경험들도 있었을 것이다.
　사실 이 그림들은 '잃어버린 참나'를 '소'에 비유해 그 소를 찾는 과정을 비유적으로 그린 '십우도(十牛圖)' 또는 '심우도(尋牛圖)'로, 여러 다른 종류의 심우도가 있는데 이 가운데 가장 대표적인 것이 중국 송(宋)나라 때 임제종 오조법연 선사 계보의 선승(禪僧)이었던 곽암사원(廓庵師遠)의 '십우도'이다. 그리고 오늘날 널리 알려진 현존하는 십우도는 이 곽암 선사의 십우도를 바탕으로 하고 있으며, 그 구성은 선 수행의 단계를 열 단계로 구분하고 각 단계마다 각각 1개의 그림을 그리고, 각각에 적절한 소제목을 붙인 뒤, 서(序: 자원慈遠의 글로 추정)와 송(頌: 곽원 지음)과 화(和: 석고이石鼓夷 지음) 및 우(又: 괴납련壞衲璉 지음)로 이루어져 있으며 서와 송만으로도 십우도를 그린 의도를 충분히 잘 드러내고 있다.

한편 일찌기 고(故) 종달(宗達) 이희익(李喜益) 노사(老師)께서 간결하면서도 수행과정의 핵심을 잘 들어내고 있는 이 십우도의 유용성을 널리 알리게 위해 지난 1985년 '깨달음에 이르는 열가지 시리즈 : 십우도'란 제목으로 십우도를 선지(禪旨)에 바탕을 두고. 특히 '무(無)'자(字) 화두에 초점을 맞추어 선 수행자들을 위해 명쾌하게 제창했었는데 그동안 절판되었던 것을 본인이 노사 특유의 어투와 가르침의 본뜻은 그대로 살리면서 새롭게 손질하였다. 참고로 본인의 경우 종달 노사 문하에 입문한 이래 선 수행을 지속적으로 해오면서 이 십우도를 수행의 지도(地圖)로 삼아 본인의 현 위치(수행 체험의 경계)를 기회있을 때마다 늘 스스로 확인하는데 요긴하게 활용해 오고 있어 '더불어 함께' 하는 삶을 지속적으로 살아가기 위해 선(禪) 수행을 시작하고자 하는 분들이나 이미 수행하고 있는 분들에게도 이 책을 적극

권하는 바이다.

끝으로 이번에 경서원(經書院)의 선의(善意)로 개정판을 내게 된 것을 선사(先師)이셨던 종달 노사님을 대신해 깊이 감사 드린다.

檀紀 4336년(佛紀 2547년, 西紀 2003년) 1월 31일
서강대학교 물리학과 연구실[無難軒]에서
   선도회 제2대 지도법사
                            법경(法境) 박영재 합장

차 례

책 머리에
권하는 글 ··· 8
십우도(十牛圖) 해제(解題) ································· 13
총서(總序) ·· 17
 1. 심우(尋牛) ·· 37
 2. 견적(見跡) ·· 59
 3. 견우(見牛) ·· 75
 4. 득우(得牛) ·· 93
 5. 목우(牧牛) ·· 113
 6. 기우귀가(騎牛歸家) ···································· 135
 7. 망우존인(忘牛存人) ···································· 155
 8. 인우구망(人牛俱忘) ···································· 171
 9. 반본환원(返本還源) ···································· 191
10. 입전수수(入鄽垂手) ···································· 211

십우도(十牛圖) 해제(解題)

　십우도는 자성(自性)을 탐구하고 마음을 닦는 과정을 열 단계(process)로 나누어 해설한 것인데, 선(禪)의 올바른 이해와 유도(誘導)를 목적으로 쓴, 선서(禪書)로서는 보기 드문 글이다. 더욱이 단계마다 그림을 넣어서 이해하기 쉽게 해서 널리 애독해 왔다.

　이 글은 전문어에 곤란을 받는 선서적들에 비교하여 그림으로 표현한 점이 특색이라 하겠다. 이 글을 접할 때 선(禪)에 이해 있는 사람이나 없는 사람을 가리지 않고 부드럽고 친근감이 부풀어 예술적 감각이 떠오른다.

　대체 선(禪)의 깨침을 표시하는 데 왜 소를 인용했을까? 선(禪)은 소와 같이 근기(根氣)가 있어야 한다는 데서 비롯된 것이 아닌가 본다. 그리고 인도는 옛날부터 성우(聖牛)라고 하여 소를 신성시 해왔다. 현재도 소가 거리를 유유히 걸을 때 사람이나 차가 모두 그를 보호해 준다고 한다.

　《법화경》에 불승(佛乘 ; 부처님이 탄 수레)을 대백우거

(大白牛車)에 비유했고,《유교경》에는 수행(修行)을 목우(牧牛)에 비유했다.

십우도(十牛圖)는 곽암사원(廓庵師遠) 선사의 저작인데 (곽암 선사의 전기는 본문 해설에서 참조하기 바람) 그 구성은 먼저 곽암 선사의 본문이 정확히 4자, 6자, 8자의 대귀(對句)로 쓰여 있어서 각운(脚韻)은 없다 하더라도 훌륭한 시(詩)라고 할 만하다.

다음에 곽암 선사가 지은 칠언절구(七言絶句)의 송(頌)이 있다. 그리고 석고이(石鼓夷) 선사의 화(和)가 있는데, 이 역시 칠언절구며, 괴납련(壞納璉) 선사의 우(又)도 또한 칠언절구다.

그 내용에 있어서 명칭은 십우도(十牛圖)라고 하지만, 그림에는 소와 사람이 그려져 있다. 소는 두말할 것 없이 우리들의 자성 즉 본래면목(本來面目)을 말하는데, 사람이 자기 본래의 면목을 증득(證得)하려고 추구하는 입장을 나타내고 있다. 그래서 얼핏 보기에는 구하려는 객체(客體)와 구하는 주체(主體)의 두 갈래 처럼 보이지만, 그런 것이 아니다. 붙잡고 보면, 이때까지 구하려던 소는 사실상 사람마다 구족해 있는 개개원성(個個圓成)의 것으로, 원래 구하는 자기 자신과 다른 것이 아니었음을 알 수가 있다. 둘로 보인 것은 배각(背覺)의 착오에 지나지 않는다.

선(禪)은 직지인심 견성성불(直指人心 見性成佛)을 안목으로 하는 것이어서 곧 깨치는 것으로, 진수증입(進修證入)

에 단계를 논할 바는 아니다. 그러나 수행자의 근기에 따라 개오(開悟)에 이르는 걸음걸이에 빠르고 더딘 차이점을 생각하지 않을 수도 없는 일이다. 그래서 고목선(故木禪), 무사선(無事禪)의 사도(邪道)에 떨어지지 않기 위해서 이 십우도(十牛圖)를 깊이 참구할 것을 권장하는 바이다.

십우도(十牛圖)를 일명 심우도(尋牛圖)라고도 했다. 글자 그대로 소를 찾는다는 말이다. 사실상 그 내용은 소를 찾는 형식으로 되어 있으나, 열 가지 단계로 설했기 때문에 흔히 십우도(十牛圖)라 부른다.

총 서(總序)

【原 文】

　　　　　　　　　　住 鼎州 梁山 廓庵和尙

夫諸佛의 眞源은 衆生本有어늘 因迷也沈淪三界하고
부제불　진원　중생본유　　인미야침륜삼계

因悟也頓出四生이로다. 所以有諸佛而可成하고 有衆
인오야돈출사생　　　　소이유제불이가성　　　유중

生而可作이라. 是故로, 先賢悲憫하여 廣設多途하니,
생이가작　　　　시고　선현비민　　　광설다도

理出偏圓이요 敎興頓漸이라. 從麤及細하고 自淺至
이출편원　　　교흥돈점　　　종추급세　　　자천지

深이로다. 末後目瞬 靑蓮하고 引得頭陀微笑하여 正
심　　　　　말후목순 청련　　인득두타미소　　　정

法眼藏이 自此流通하니, 天上人間과 此方他界에, 得
법안장　　자차유통　　　　천상인간　차방타계　　득

其理也에는 超宗越格하여 如鳥道而無蹤하고, 得其
기리야　　　초종월격　　　여조도이무종　　　득기

事也에는 滯句迷言하여 若靈龜而曳尾로다.
사야　　　체구미언　　　약영구이예미

總序　17

間有淸居禪師하여 觀衆生之根器하고 應病施方하다.
간 유 청 거 선 사　　관 중 생 지 근 기　　　응 병 시 방

作牧牛以爲圖하고 隨機設敎하니, 初從漸白하여 顯
작 목 우 이 위 도　　수 기 설 교　　　초 종 점 백　　현

力量之未充이라가 次至純眞하여 表根機之漸熟이로다.
역 양 지 미 충　　　차 지 순 진　　　표 근 기 지 점 숙

乃至人牛不見 故로 標心法雙亡하니 其理也已盡根源
내 지 인 우 불 견　고　　표 심 법 쌍 망　　　기 리 야 이 진 근 원

이나, 其法尙存莎笠이라 遂使淺根疑惧하고 中下紛
　　　기 법 상 존 사 립　　　수 사 천 근 의 오　　　중 하 분

紜하여 或疑之落空亡也하며 或喚作墮常見이로다.
운　　　혹 의 지 낙 공 망 야　　　혹 환 작 타 상 견

今觀則公禪師하니 擬前賢之模範하고, 出自己之胸襟
금 관 칙 공 선 사　　　의 전 현 지 모 범　　　출 자 기 지 흉 금

하여 十頌佳篇이 交光相映이라, 初從失處로 終至還
　　　십 송 가 편　　　교 광 상 영　　　초 종 실 처　　종 지 환

源하여 善應群機하되 如救飢渴이라, 慈遠是以로 探
원　　　선 응 군 기　　　여 구 기 갈　　　자 원 시 이　　탐

尋妙義하고 採拾玄微하니 如水母以尋飡하되 依海蝦
심 묘 의　　　채 습 현 미　　　여 수 모 이 심 손　　　의 해 하

而爲目이로다.
이 위 목

初自尋牛로 終至入鄽하여 强起波瀾하여 橫生頭角하
초 자 심 우　　종 지 입 전　　　강 기 파 란　　　횡 생 두 각

니 尙無心而可覓이어니 何有牛而可尋하랴. 泊至入
　　상 무 심 이 가 멱　　　　하 유 우 이 가 심　　　　기 지 입

鄽하니 是何魔魅요 況是祖禰不了하면 殃及兒孫일새
전　　　　시 하 마 미　　황 시 조 니 불 료　　　　앙 급 아 손

不揆荒唐하고 試爲提唱하노라.
불 규 황 당　　　시 위 제 창

【역】

무릇 제불의 진원(眞源)은 중생의 본유인데, 미(迷)에 말미암아(因) 삼계(三界)에 침륜(沈淪)하고 오(悟)에 말미암아 곧 사생(四生)을 출(出)한다. 제불로서 성(成〈和〉)할 바 있고, 중생으로서 작(作〈行〉)할 바 있는 까닭이다.

그래서 선현(先賢)은 비민(悲愍)해서, 널리 다도(多途)를 설하여, 이(理;法)는 편원(偏圓)을 출(出)하고 교(敎)는 돈점(頓漸)을 일으킨다. 거친 데로부터 세(細)에 미치고, 얕은 데로부터 깊은 데 이르러, 최후에 청련(靑蓮)을 목순(目瞬)하여 두타(頭陀)의 미소를 인정한다. 정법안장(正法眼藏)이 이로부터 유통(流通)하니 천상인간, 차방타계(此方他界) 그 이(理)를 얻으니, 초종월격(超宗越格)하여 조도(鳥道)의 발자국이 없는 것과 같고, 그 사(事〈敎〉)를 얻으니 구(句)에 걸리고 말에 미(迷)하여, 영구(靈龜)가 꼬리를 끄는 것과 같다.

요즘 청거(淸居), 선사(禪師)라는 이가 있어서, 중생의 근기(根機)를 보고 병에 응해 처방하여 목우(牧牛)함을 본받아 그림을 그려 기(機)에 따라 교(敎)를 설하여, 처음 점백(漸白)

으로부터 역량(力量)이 아직 다다르지 못함을 나타내고, 다음 순진(純眞)에 이르러 근기가 점점 익어가는 것을 나타내고, 이에 인우불견(人牛不見)하므로 짐짓 심법쌍망(心法雙亡)함을 표(標)함에 이르렀다. 이(理)인 즉 이미 근원(根原)을 다하고, 그 교(敎)인 즉 오직 사립(莎笠)을 존(存)하고, 드디어 천근(淺根)을 의오(疑悟)케 한다. 중하(中下)는 분운(紛紜)하여 혹은 이를 공망(空亡)에 떨어질까 의심하고, 또는 상견(常見)에 떨어질까 염려한다.

지금 칙공 선사를 보니, 전현(前賢)의 모범에 따라 자기의 흉금을 드러내어, 십송(十頌)의 가편(佳篇)이 빛(光)을 내어 서로 비쳤다. 처음 실처(失處)로부터 끝의 환원(還源)에 이르기까지 잘 군기(群機)에 응하기를 기갈을 구함과 같다. 자원(慈遠〈願〉)으로써 묘의(妙義)를 탐심(探尋)하고, 현미(玄微)를 채습(採拾)하기를 수모(水母)로써 손(飧)을 찾아 해하(海蝦)에 의하여 목(目)을 삼음과 같다. 처음 심우(尋牛)로 끝의 입전(入鄽)에 이르기까지 괜히 파탄을 일으켜 사나운 각두(角頭)를 내어 마음이란 구할 수 없는데 무엇 때문에 소로 소를 찾을 것이 있겠는가! 입전함에 이르러서는 이 무슨 마미(魔魅)인고? 항차 조니(祖禰)를 요(了)치 못하면 재앙이 자손에까지 미치리니 황당(荒唐)함을 돌보지 않고 시험적으로 제창(提唱)하노라.

[해 설]

 정주의 양산사에 주지한 곽암사원(廓庵師遠) 스님이 십우도(十牛圖)를 그리고, 그에 일일이 시를 지어 붙이고 있다. 이를 곽암 스님의 법손인 자원 스님이 출판할 때에 이 서문을 썼다.

 곽암사원 스님은 임제종의 양기파(楊岐派)에 속하는 사람으로서, 양기방회(楊岐方會)—백운수단(白雲守端)—오조법연(五祖法演)—대수원정(大隨元靜)에 이르는 법계가 있어서 이 대수원정 스님의 법을 이은 사람이다. 《벽암록》을 쓴 원오극근(圜悟克勤) 선사도 오조법연 문하 사람이므로 원오 선사가 법계로 백부가 된다. 또 저 간화선으로 유명한 대혜종고(大慧宗杲) 선사와는 법계로 종형제가 되는 사람이다. 실로 그 당시 쟁쟁한 거장(巨匠)들이다.

 십우도(十牛圖)는 《벽암록(碧嚴錄)》이 출판된 직후에 된 것으로 상당히 오랜 것이다. 단계마다 그림을 그리고 또 시(詩)로 된 서·송·화·우(序·頌·和·又)로 엮어져 이해하기 쉽고 흥미가 있어서 선가(禪家)에서 널리 애독해 왔다. 그런데 우리나라에서는 그렇게 애독한 흔적이 엿보이지 않는다.

 무릇 제불의 진원은 중생이 본래 가지고 있다.

 '부(夫)'자는 문장을 쓰기 시작할 때 쓰는 글자로 별 뜻이 없다. '제불의 진원', 삼세제불의 근원이 되는 것은 모든 중생이 본래 가지고 있다. 근원은 진리를 말한다. 그러니까 어떤 물체를 막론하고 진리성을 가지고 있다는 얘기다. 또 사람으로 말하면 본래의 면목이 갖추어 있다는 것이다.

중국의 임제 선사(臨濟禪師)는 모든 사람들의 신체내에는 "무위(無位)의 진인(眞人)이 있다"고 했다. (해탈이란 말로 보면 된다) 즉 우리의 5척 똥자루 안에 제불의 근원이 있고 무위의 진인이 있다. 이를 굳게 붙잡고 사는 것이 견성성불이다. "항상 그대들의 면전에 출입한다". 즉 오관(五官)을 통하여 나갔다 들어왔다 한다. 밖에 나가면 객관의 세계가 되어 삼라만상이 된다. 산도 되고 내도 되고, 남자도 되고 여자도 되고, 장사꾼도 되고 공무원도 된다. 안에 들어오면 주관이 되어 배가 고프고, 졸리고, 기쁘고, 슬프고 한다. 이가 제불의 진원이고 무위(無位)의 진인(眞人)이다.

밖에 나가면 객관이 되고 안에 들어오면 주관이 되지만 본래는 하나다. 하나의 생명이다. 하나의 의식이다. 크게 보면 자기가 주관이고, 자기 이외가 객관의 세계다. 자기가 '인(人)'이고 자기 이외 것이 '경(境)'이다. 그러나 이를 자세히 분석하면 자기 또는 우리의 신체도 객관이 된다. 손을 움직이고 다리를 움직이고 머리를 긁기도 하고 등을 긁기도 한다. 추위에 감기가 든 듯하다. 식욕이 없다. 암만해도 이상하다. 이렇게 볼 때 자기 신체도 객관이 되고, 외(外)가 된다.

자기 마음도 자세히 보면 객관이다. "오늘은 착한 일을 했다"든가 "오늘은 악한 일을 했다"든가 스스로 반성하여 자기는 번뇌가 많은 사람이다라든가 자기는 죄업(罪業)이 많은 사람이라고 반성한다면 자기는 객관이다. 번뇌 많은 범부로 죄업이 많은 것이라고 반성하는 자기는 객관이고, 반성하는 의식은 주관이다. 주관과 객관, 이 둘을 잘 다루어 초월한 자리가 '진원(眞源)'이다. 초월하면 객관도 없고 주관도 없어지는 것이 또한 '진원(眞源)'이다.

사람이 다른 동물과 다른 점은 거울을 가지고 있는 점이라고 자주 말한다. 자기 얼굴을 볼 줄 아는 것이 인간이 동물과 다른 점이다. 얼굴에 수염이 너무 길지 않은가, 넥타이가 비뚤어지지는 않았는가 거울을 보고 반성한다. 이 점을 인간의 가치라고 하는데, 거울에 비치는 자기는 모두 객관이다. 이것이 제불의 진원이다. 깨친 사람끼리 서로 만나면 거울과 거울이 서로 비추지 못하는 것과 같이 비출 것이 없는 마음이 '원(源)'이다. 거울에 때 하나 없는 것과 같이 우리들의 마음에 일념(一念)의 염(念)도 일지 않는 것이 제불의 '진(眞)'이다.

　　미(迷)로 말미암아 삼계에 빠지고, 오(悟)로 말미암아 곧 사생을 출한다.

번뇌의 범부가 미(迷)다. 삼계란, 욕계(欲界), 색계(色界), 무색계(無色界)를 말한다. 욕망만으로 사는 세계가 욕계(欲界)다. 욕망을 끊으면 무엇 때문에 사는지 모르겠다고 생각하는 것이 욕계다. 욕(欲)은 여의어도 물질까지 여의어서는 살지 못한다. 이가 색계(色界)다. 물질을 부정한다면 살지 못한다. 욕심도 없고 물질도 없는 것이 정신생활이다. 이가 무색계(無色界)다. 욕심을 여의고 물질을 여의여 정신세계에서 살아가는 것이 무색계(無色界)인데 이도 미(迷)의 세계다.

모든 것을 비추어 비추지 않는 거울과 같이 절대 주관이 자기라고 깨달으면 사생을 출한다. 곧 미(迷)의 세계를 벗어날 수가 있다. 사생이란 태(胎)・란(卵)・습(濕)・화(化)의 넷으로 태어나는 것을 말한다. 사람, 소 말과 같이 어머니의 태내(胎)로부터 태어나는 것을 태생이라고 한다. 물고기・뱀・거북이・새와 같이 한 번 알을 낳아서 이를 부화시켜 태어나는 것을 난생(卵生)이라고 하고, 벌레・지렁이와 같이 습한 데서 생하는 것을 습생(濕生)이라고 한다. 애벌레가 나비가 되고 구더기가 잠자리가 되는 것을 화생(化生)이라고 한다.

이들은 모두 범부의 미(迷)의 세계에 산다. 그러나 이들의 본성은 절대의 주관이고 아무 것에도 비판되지 않는 제불의 근원이고 우주의 진원이라고 깨달으면, 곧 미(迷)의 세계에서 벗어난다. 따라서 미(迷)하면 범부고 깨달으면 부처가 된다는 것이 피차간의 생태다.

그래서 제불로서 성(成)할 바 있고, 중생으로서 작(作)할 바 있다.

부처님이 되는 것이 달갑지 않다. 극락에 가서 연꽃 위에 얌전하게 앉아서 염주알이나 굴리고, 혹 졸기나 하면 연못에 떨어질까 조마조마하기보다 범부로서 술도 마시고 담배도 피우고 커피도 마시는 편이 훨씬 좋지 않겠느냐고 생각해 본다. 어떤가? 부처로 사는 것이 좋을까, 범부로 사는 것이 좋을까? 양자 택일은 마음대로지만, 인간 70은 옛부터 드물다고 했다. 이 짧은 생애를 헛되이 살다가 죽을 무렵에 아무리 발버둥쳐 보았자 생·노·병·사(生老病死)의 해결은 까마득하리라.

그래서 옛날 조실 스님들은 중생을 가엾게 여겨 여러 가지 제도방법을 썼다.

모두 부처가 될 가능성을 가지고 있으나, 욕(欲)에 끌리고 업장(業障)에 얽매여 범부에 떨어져 스스로 괴롭고, 남을 괴롭히고 있다. 자신이 괴로운 것은 그렇다 하고라도 남까지 괴롭게 하는 것은 인간으로서는 도저히 용서할 수 없는 일이다.

선현(先賢)은 여기서 부처님으로 보면 된다. 스스로 미(迷)하여 범부의 세계에 떨어져 주위 사람들까지 괴롭히고 있다. 범부의 모습을 부처님은 가엾게 여겨 여러 가지 방법을 세워 이런 손, 저런 손을 써서 제도했다. 소위 360회의 설법이다. 8만 4천의 법문이다. 5천4십여의 경전이다. 이렇게 중생을 위하여 설법했다. 즉 40여년간 수고하셨다. 앉은 자리가 따뜻할 겨를이 없이 어떻게 하면 한 사람이라도 건져볼까 애쓰셨던 것이다.

　　이(理)는 편원(偏圓)을 출(出)하고, 교(敎)는 돈점(頓漸)을 일으켜, 거친 데로부터 세(細)에 미치고 얕은 데서 깊은 데 이른다.

부처님이 설하신 일대(一代)의 경전을 순서로 보면, 처음 범부를 인도하기 위하여 알기 쉬운 편(偏 〈치우침・한결〉)부터 설하고 최후에는 원만완결한 원교(圓敎)를 설했다. 혹은 돈교, 곧 불(佛)이 되는 길을 제시하고 혹은 점교, 다음 다음 번뇌를 탈하고 불에 가까이 가는 가르침을 설했다.

처음에는 이해하기 쉬운, 《아함경(阿含經)》에 설해 있는 윤리 도덕을 설했다. 즉 살생해서는 안된다. 도적질해서는 안된다. 거짓말해서는 안된다. 술을 마셔서는 안된다. 이렇게 누구도 알 수 있는 것으로부터 점점 어려운 반야(般若)

의 공(空)을 설하고 다시 나아가 진공묘유(眞空妙有)라는 데까지 설하고, 최후에는 제법실상(諸法實相)에 이르렀다.

　얕은 데로부터 깊은 철리(哲理)에 이르기까지 순서에 따라 중생을 이끌어 주었다. 범부에 떨어지는 중생을 그대로 보고 지날 수 없어서 부처의 세계로 인도하느라고 애를 무척 쓰셨다.

　　　말후에 청련(靑蓮)을 목순(目瞬)하여 두타(頭陀)의 미소를 인득(引得)했다. 정법안장(正法眼藏)이 이로부터 천상인간차방타계(天上人間此方他界)에 유통(流通)했다.

　부처님은 최후에 영취산(靈鷲山)에서 설법하셨다. 그때 범천왕이 축하한다는 뜻에서 꽃다발을 드렸다. 부처님은 이를 받아 대중에게 번쩍 들어 보였다. 대중은 한 사람도 그 이치를 아는 사람이 없었는데 다만 십대 제자 중 두타행(頭陀行 : 수행이 면밀하다는 뜻) 제일인 가섭존자(迦葉尊者)만이 그 뜻을 알았다는 듯이 미소를 지었다.

　청련(靑蓮)이란 연의 권엽(卷葉)인데 연잎의 속은 희다. 권엽이므로 흰 데가 표면에 보여 속의 파란색이 보인다. 이가 미인의 눈과 같다고 한다. 부처님이 이러한 미인의 눈을 굴렸는데 이를 보고 가섭이 미소를 지었다. 그래서 부처님은 나에게 '정법안장(正法眼藏) 열반묘심(涅槃妙心) 실상무상(實相無相) 미묘법문(微妙法門)'이 있어 이를 마하가섭에게 부촉한다고 했는데, 이가 '불립문자(不立文字) 교외별전(敎外別傳)'인 선종(禪宗)의 첫 걸음이다. 이로부터 정법안장(正法眼藏)이라는 선(禪)의 종지가 천상계(天上界), 인간계(人間界), 천축(天竺), 중국, 우리나라, 일본 등지에 널리 퍼져 오늘에 이르고 있다. 정법안장(正法眼藏), 이는 역대의 불조가 정전해 온 불법을 총칭한다. 정(正)은 선악 정사를 초월한 중정불편(中正不偏)의 심체(心體)를 말하고, 법(法)이란 그 중정불편(中正不偏)의 심덕(心德)으로 나타나는 만법을 말하고, 안(眼)이란 이 심체(心體)로써 사사물물(事事物物)을 조파함을 말하고, 장(藏)이란 이 심체(心體)가 일체의 선법(善法)을 간직함을 말한다. 열반(涅槃)이란 심체(心體)가 상주불변하여 생멸거래의 상(相)을 절(絶)함을 말하고, 묘심(妙心)이란 심체(心體)의 불가사의한 묘용(妙用)을 말한다. 결국 '정법안장 열반묘심'이란 우리 본유의 일심(一心)의 묘덕(妙德)을 형용한 것으로서, 오도(悟道) 또는 증계(證契)를 말한다. 이 일심(一心)을 철저히 보고 그의 광명을 발휘함에 지나지 않는다.

그 이(理)를 얻으니 초종월격하여 조도(鳥道)의 자국이 없는 것과 같다. 그 사(事)를 얻으니 구(句)에 걸리고 말에 미(迷)하여 거북이 꼬리를 끄(曳)는 것과 같다.

선(禪)의 종지를 알고 불법을 알면 '초종월격(超宗越格)'
이다. 소승이니 대승이니, 여래선이니 조사선이니 하는 종
지를 초월하지 않으면 안된다. 각기 종지에는 품격이 있는
데 이 격을 넘어가지 않으면 안된다. 새가 하늘을 날 때 아
무 것도 남기는 것이 없는 것과 같이, 진짜 선(禪)을 알면
선(禪)도 놓아버린다.

  그런데 정말 진리를 모르고 현실의 현상에 사로잡히면,《
열반경》에는 이렇게 말하고 있고,《능가경》에는 이렇게 설
해 있고, 달마는 어떻고 육조는 어떻고라고 구(句)에 걸리
고, 언(言)에 미(迷)하여, 종(宗)에 걸리고 격(格)에 사로잡혀
꼼짝달싹 못한다. 거북이가 자기의 꼬리로 발자국을 허물어
버리는 것과 같다.

  거북은 모래를 파고 알을 낳는다. 그런데 그 모래 자국을
감추기 위하여 꼬리로 자국을 지워버린다. 그러나 꼬리로
지운 자국이 남지 않는가! 참으로 어리석은 일이다. 우리
중생이 모두 이 거북이와 같은 족속이다.

  선(禪)을 이해한 사람은 초종월격이다. 이해가 되지 못하
면 약은 척 해도 뒤에 무언가 남는다. 초종월격에는 아무
것도 남지 않는다. 소위 일원상(一圓相)도 돌파하여, 반본환
원(返本還源) 입전수수(入鄽垂手)의 본래에 돌아가 깨침도
없는 데까지의 단계를 설한 것이 이 십우도(十牛圖)다.

  요즈음, 청거 선사가 있어 중생의 근기를 보고 병에 따라 처

방을 주고, 목우(牧牛)의 그림을 만들고 기(機)에 따라 교를 설(設)했다.

요즘 청거 선사께서 의사가 병에 따라 치료하는 것과 같이 사람의 역량에 응하여 방편을 써서 소를 기르는 것과 같이 목우도(牧牛圖)를 그려 상대의 근기에 따라 여러 가지 가르침을 설했다.

《유교경》에 이런 비유가 있다. 소의 코를 잘 붙잡아 남의 밭을 망가뜨리게 해서는 안 된다. 그와 같이 자기 마음의 고삐를 튼튼히 매서 함부로 행동해서는 아니 된다.

옛날 남전(南泉) 스님이 목욕물을 데우는 승(僧)을 보고 물이 더우면 먼저 수고우(水牯牛〈소〉)가 들어가게 해 달라고 부탁했다.

"물이 다 더웠으니 수고우님, 탕에 들어가세요."

"그대가 수고우를 탕에 들어가라고 하는데, 수고우를 끌고갈 밧줄을 가지고 왔는가?"

승이 어리둥절하여 아무 대답도 없었다.

그 때 조주(趙州) 스님이 나타났다.

"여보게 조주, 지금 중이 수고우를 목욕탕에 들어가라고 왔는데 소 고삐를 잊어버리고 왔다네."

이 말을 들은 조주 스님, 별안간 남전스님의 코를 쥐어 비틀고 빨리 나오라고 재촉했다. 이 수고우를 놓치지 말고 자유롭게 쓰는 데 선(禪)의 가치가 있다.

처음은 점백(漸白)으로 역량이 아직 부족함을 나타내고, 다음 순백(純白)에 이르러 익어감을 나타냈다.

처음에는 뿔이 있는 데만 희고 전신은 까맣다. '무자(無字)' 화두가 알송달송한 때다. 그것이 5년, 7년, 10년, 수행이 익숙해지면 전신이 하얀 소가 된다.

'인우불견(人牛不見)'에 이르러 심법(心法)을 잊어버림을 말한다.

수행을 쌓아 이 소가 진백이 되면 소가 필요하지 않게 된다.
소를 구하는 사람도 없어진다. 소위 '인우불견(人牛不見)'이다.
처음에는 소를 희게 하려고 애썼지만 수행이 쌓여 소와 자기가 하나가 되면 구하는 사람도 없고 소도 없다. 심(心)도 법(法)도 없는 일원상(一圓相)이다.

그 이(理)는 이미 근원을 다하고, 그 법(法)은 더욱 사립(莎笠)을 남긴다.

이 청거 선사의 '목우도(牧牛圖)' 이론은 근원을 철저하게 하고 있으나 일원상(一圓相)을 남기는 것은 사람도 소도 없어졌으나 사립 즉 삿갓이 남아 있다. 터럭 끝만이라도 무엇이 남으면 아니된다.

드디어 천근(淺根)으로서 의오(疑悞)하게 한다. 중하(中下)는 분운(紛紜)하여, 혹은 이가 공(空)에 떨어질까 의심하고, 혹은 불러 상견(常見)에 떨어진다.

중근(中根), 하근(下根)이 이 청거 선사의 '목우도(牧牛圖)'를 보고 소도 보이지 않고 사람도 보이지 않는다. 아무 것도 없어졌다면 허무(虛無)의 세계에 떨어진다. 혹은 본래무일물(本來無一物)이라는 것을 언제든지 버리지 않고 무(無)라는 상견(常見), 공(空)이라는 상견(常見)에 사로잡혀 버린다. 사실은 그 무(無)의 세계로부터 다시 본래의 유(有)에 돌아오지 않으면 아니 된다. 일단 무(無)를 보았으면 그 무(無)에 주저앉지 말고 다시 유(有)에 돌아와야 한다는 것이다.

지금, 칙공 선사를 보면 전현(前賢)의 모범을 본받아 자기의 흉금을 털어놓고 십송(十頌)의 가편(佳篇)이 빛을 나타내어 서로 비춘다.

십우도(十牛圖)와 같이 보명 선사, 자득 선사의 육우도(六

牛圖),《아함경》의 목우십이법(牧牛十二法) 등 여러 가지가 있는데, 칙공 선사 즉 곽암 스님의 십우도(十牛圖)를 보면, 청거 선사나 보명 선사 등 옛날 사람들이 지은 것을 본받아 그 좋은 점을 취하고 있다. 각 그림에는 한시를 붙였다. 그 십편(十篇)의 시가 서로 빛(光)을 내어 비추고 있다. 과연 완벽을 기했다고 볼 수 있다. 다시 말하면 초심자도 쉽게 이해할 수 있게 만들어졌다는 얘기다.

처음 실처(失處)로부터 끝의 환원(還源)에 이르기까지 잘 군기(群機)에 응하며, 기갈(飢渴)을 구함과 같다.

처음에는 잊어버린 소를 찾는다는 보리심을 발하는(내는) 데로부터 끝에는 본래에 돌아가 자연스러운 모습에 이르기까지 그 열 단계는, 각기 수행자의 능력에 응하여 굶주린 자에게는 밥 주고, 목마른 자에게는 물을 먹이는 것과 같이 친절하다.

자원 스님 이로써 묘의(妙義)를 탐진하고 현미(玄微)를 채습(採拾)한다. 수모(水母)로써 먹이를 찾음이 새우에 의하여 눈을 삼는 것과 같다.

자원 스님은 이 서문을 쓴 사람으로 곽암 스님의 제자라고 한다. 자원 스님은 이 십우도(十牛圖)에 의하여 선(禪)의

묘한 뜻을 찾아 실로 미묘한 그의 맛을 주워모아 이를 실지로 알 수가 있었다.

수모(水母)란 눈·귀 없는 생물(生物)이다. 너풀너풀 물위에 떠 있다. 눈이 없이 어떻게 먹이를 찾을까? 그의 몸에서 달콤한 즙(汁)을 낸다. 이를 새우가 먹으려고 모여든다. 따라서 수모(水母)는 새우의 눈을 빌어 먹이도 먹고 적도 피할 수 있다고 한다. 이와 같이 자원도 이 십우도(十牛圖)라는 눈으로 선(禪)의 현묘한 이치를 알고 미묘한 진리를 파악할 수가 있었다.

> 처음의 심우로부터 끝의 입전(入鄽)에 이르기까지 거센 바람을 일으켜, 머리 가운데 두각을 생(生)했다.

열 단계까지 일일이 자기가 서문을 써서 여러분의 참고가 되도록 했는데 이는 바람 없이 풍랑을 일으킨 것과 같이 어처구니 없는, 이 소 뿔이 머리복판에 나게 한 모양이 되었고 뱀을 그려 발을 붙이게 한 것이 되었을지도 모르겠다.

> 더욱 심(心)을 구할 것이 없는데 소를 구한다는 것은 말도 안 된다.

본래, 심(心)이란 구하여 구해지는 것이 아니다. 2조(二祖) 혜가(慧可) 대사도 "심(心)을 구할래도 구할 수 없다"고 말했다.

심(心)이 어디 있다고 구하려고 하는지 모르겠다. 심(心)은 불가득(不可得)이다. 소도 불가득(不可得)이다. 그러함에도 불구하고 소를 찾느니 소를 잃었느니, 곽암 스님도 할 일 없으니 괜히 잠꼬대쳤다고 일침을 놓았다.

입전(入鄽)함에 이르러서, 이 무슨 마귀인가?

종로 네거리에 들어가서 김씨니 이씨니 하고 기웃기웃하는 것, 이게 무슨 추태인고. 그런 미치광이 같은 수작을 해서는 곤란하다고……. 이 말은 곽암 스님을 칭찬한 말이다.

항차 선조의 사당에 대하여 게으르면 재앙이 자손에 미친다.

'인천안목(人天眼目)'이라는 책에 있는 말인데 선조들의 사당에 대하여 게으르면 반드시 그 재앙이 자손에 미친다고 했다.

다시 말하면 선조를 대하듯이 선현들의 말에 늘 귀를 기울여 선현들보다 훌륭하여야 그 종문(宗門)이나 가문이 흥하고, 선현들보다 못하면 종문이나 가문은 망한다는 얘기다.

황당을 헤아리지 않고 시험적으로 제창한다.

황당무계(荒唐無稽〈무모함·정확하지 않음〉)할는지 모르겠으나 선조(선현)가 남긴 《십우도(十牛圖)》를 조금이라도 도움이 될까 하여 노파친절로 이를 강의해 보리라고 자원스님이 서문을 끝마쳤다. 자기 실력이 모자라지만 수행자들에게 조금이라도 보탬이 되면 이에서 더 큰 법행(法幸)은 없겠다고 겸손하게 말하고 있다.

1. 심 우 (尋牛)

소를 찾는다.

1. 심 우(尋 牛)

〔序〕

〔원문〕　　　　　　　　곽암칙화상(廓庵則和尙)

從來不失이어늘 何用追尋고, 由背覺以成疎하고
종래부실　　　　하용추심　　유배각이성소

在向塵而 遂失이라, 家山漸遠하여 岐路俄差하여
재향진이　수실　　　가산점원　　기로아차

得失熾然하고 是非鋒起로다.
득실치연　　　시비봉기

〔역〕

종래 잃지 않았는데 무엇 때문에 찾는가? 배각(背覺)으로 말미암아 소(疎)하고 향진(向塵)에 있어서 드디어 실(失)한다. 가산(家山)은 점점 멀고 기로(岐路) 갑자기 달라, 득실치연(得失熾然)하여 시비(是非)가 칼날같이 인다.

〔해 설〕

소를 찾아 출발하는 것이 제 일 단계다. 우리가 불법을 구하려는 원심(願心)을 일으킨 장면이다.

우리는 희망을 가지고 살지 않아서는 안된다. 불교에서는 이를 원심이라고 한다. 보리심(菩提心)을 일으켜야 한다는 얘기다.

미래를 스스로 개척해 나갈 용기도 없고, 누가 이 용기를 일으켜 주는 사람도 없다.

정토문(淨土門)에서는 아미타불의 본원에 의하여 구원을 받는다고는 하나 아미타불이 깨치게 하여 구원을 받는다고는 하지 않는다. 사실은 부처님의 본원에 의하여 구원을 받는것이다. 바꾸어 말하면 깨친 뒤에 구원을 받는 것이 아니다. 깨치지 않고는 못 견딘다는 우리들의 원심에 의하여 구원을 받는다는 것이다. 누가 깨우쳐 주어 구원을 받는 것이 아니라는 것은 결정적 사실이다.

타력(他力)은 아미타불에게 원심을 두고 선(禪)은 자기에게 원심을 둔다. 처음 발심할 때 이미 정각을 이룬다. 깨치지 않고는 이 자리에서 일어나지 않겠다고 발심을 일으키면 이미 깨친 때다. 그래서 무엇보다 원심을 일으키는 것이 제일 긴요하다.

종래 잃지 않았는데 무엇 때문에 찾는가?

우리가 본래의 면목을 찾으려는 것이 소를 찾는 것이다.

일체 중생이 모두 불성을 지니고 있다고는 하지만, 그것이 무명(無明)에 가려져 있기 때문에 잘 보이지 않는다. 그래서 무명을 벗기려는 활동이 소를 찾으려는 원심이다. 불성을 잃은 일이 있는가? 본래의 면목을 잃은 일이 있는가? 우리는 불성을 잃은 일이 없다. 잃을 리가 없다. 본래의 면목을 잊어버린 일도 없다. 배고프면 먹고, 곤하면 자고 하지 않는가! 먹고 자고 일어나는 것이 모두 불성이 아닌가! 본래 면목의 활동이 아니던가!

'얘야!'

부르면

'네!'

하고 대답하고, 주부는 밥 짓고, 파출부는 청소하는 이것이 모두 본래의 면목을 숨김없이 나타내는 것이다.

이때까지 잃지 않았는데 무엇 때문에 찾는가?

불성 가운데 살면서 불성을 찾는다는 것은 좀 우스운 일이다.

왜 찾지 않으면 안 되는가? '제불의 진원(眞源)'은 중생 본유(本有)라고 했으니, 불(佛)을 잃어버린 일이 없는데, 이를 찾지 않으면 안되겠다는 이유가 무엇인가? 애기를 업고 애기를 찾는 어리석음과 같고, 소를 타고 소를 찾는 조소를 면치 못할 것이다.

배각(背覺)으로 말미암아 소(疎)하게 되고, 향진(向塵)에 있어서 드디어 실(失)한다.

우리가 불성을 가지고 있으면서, 즉 본래의 면목을 가지고 있으면서 감각의 세계, 육체의 세계, 감정의 세계, 고관의 세계, 재별의 세계에 자기가 있다고 집착하기 때문에 이 본래의 면목을 등지고 있다. 불성을 등지기 때문에 멀어(疎)진다. 분별이 없으면 불(佛)인데 분별에 떨어졌으므로 불을 등지고 말았다. 갓난애기처럼 무심(無心)한 마음이 본래의 면목인데 보잘 것 없는 지식이 생겼기 때문에 본래면목을 등지고 있다

지식이란, 애기가 젖먹는 것도 지식이다. 이 지식 때문에 모든 일이 부자유하게 된다.

하찮은 분별을 배웠기 때문에 본래의 면목을 상실한다. "향진(向塵)에 있어서 드디어 실(失)함"이다. 오욕속진(五欲俗塵)의 세계에 떨어져 괴로우니 즐거우니, 좋으니 나쁘니, 손해니 이익이니 하여 흙탕 속에 발이 빠져 본래의 면목을 상실하고 말았다.

그래서 이 오욕속진에 떨어져 분별 지식 때문에 본래의 면목에서 떨어져 간다.

가산(家山)이 점점 멀고, 기로(岐路)가 갑자기 어긋난다.

한 사람의 용의자를 뒤쫓는 데 형사가 여러 사람이 필요

한 것과 같이, 처음에는 곧장 한 길로 갔는데 가다가 두 길로 갈라진다. 두 사람이 필요하다. 또 가다가 네 길로 갈라진다. 또 가다가 여덟 길로 갈라지니 결국 여덟 사람이 필요하게 된다. 그러나 모두 허탕쳤다. 이와 같이 '기로(岐路)'가 갑자기 갈라진다.

분별의 지식으로 상대적 세계에 떨어져, 대립 가운데서 분별은 분별을 낳고 다시 분별을 일으켜 이러지도 못하고 저러지도 못할 곤경에 빠지고 만다.

득실(得失) 치연(熾然)하여 시비(是非)가 칼날같이 인다.

기쁘고 슬프고, 손해고 이익이고, 밉고 예쁘고 하는 분별이 치열하게 불타오른다. 점점 심해져 신경쇠약에 걸릴 수밖에 없다. 부자간은 일체라고 하지만 일체가 아니다. 부모는 부모고 자식은 자식이다. 부부는 일체라고 하지만 부부도 따로의 권리가 있다. 서로 동등하지 않다. 피차간 분별의 구렁에 빠지면 득실이 치열하여 시비(是非)가 칼날과 같이 인다. 이래서는 본래의 면목을 붙잡을 수가 없다.

자식에게 유산을 분배하는 것도 똑같이 줄 수는 없다. 형은 큰 집을 유지해야 하니 많이 주고, 동생은 좀 적게 주어 서로 만족할 때가 평등이다. 만족 못하면 분쟁이 생긴다.

참다운 자기는 분별의 세계에 있는 것이 아니라 분별을 초월한 데 있다. 분별을 초월할 때 평등의 인격이 드러난다.

이 평등한 인격으로 서로 존경하는 것이 부처다.

분별 속에 떨어진 우리가 그래도 분별이 없는 소를 찾으려고 하는 것은 가상한 일이다. 이런 보리심을 일으킨 것만으로도 정각(正覺)을 이루었다고 볼 수 있다. 그런데 처음 보리심을 일으킨 것은 좋은 일이나, 한 번 앉아보고 다시는 보리심을 일으키지 않는 사람이 대부분이다. 이런 사람은 결국 근기가 약한 사람으로 무슨 일이든지 성공 못한다.

이 분별심으로 깨치지 못한다고 생각되었을 때가 분별을 초월한 데다. 본래면목인 영원한 '아(我)'가 있다고 짐작한 것이 인간이 본래 불(佛)이었다는 증거다. 그래서 보리심을 일으키고, 원심을 일으켜 소를 구하지 않을 수 없게 된다.

심우(尋牛)에서 소란 우리들의 본심·본성을 말한다. 본성이란 불법의 당체(當體) 혹은 진리를 뜻한다. 그것을 찾아 구하려고 하는 것이 이 첫단계다.

용아 선사의 게(偈)에 "소를 구하려면 모름지기 자국을 찾을 것이고, 도를 배우려면 무심(無心)을 찾아라. 자국이 있으면 소가 있고 무심하면 도를 찾게 된다"고 한 데서 나온 말 같다.

요는, 우리들의 본성을 다시 찾아야 하는데 그것이 쉽지 않다. 그래서 곽암 스님이 그 수단 방법으로 열 단계를 설한 것이 이 심우(尋牛)다.

배각(背覺) : 우리의 일상생활에서 보고, 듣고 하는 주인공(主人公)이 무명에 가리워 망령화되어 본래의 면목을 잃은 상태를 배각향진(背覺向塵)이라고 일컫는다. 우리들의 원래 본심·본성은 미오(迷悟)·득실(得失)을 초월하고 있지만 그것을 깨닫지 못하고 등지고 있다. 부모미생이전(父母未生以前)의 자기는 영영소소(靈靈昭昭)하기 그지없다. 그러던 것이 태어나 세상의 사회악에 물이 들기 시작하여, 마치 구름이 해를 가리듯이 캄캄해지는 것과 마찬가지가 되었다. 이 구름을 벗기기만 하면 해가 훤하게 비치듯이 우리의 원래 본성이 나타난다. 이 본성을 나타내기 위하여 좌선을 하는 것이다.

향진(向塵) : 색·성·향·미·촉·법 등 여섯 가지의 객관세계가 우리들의 본심을 오염하므로 이를 육진(六塵)이라고 한다. 이 육진 속에서 제멋대로 망상·번뇌를 일으키므로 향진이다.

꽃의 색깔 종소리, 향냄새, 짜고 가려움 등 그것이 그대로가 법상(法相)이다. 그런데 꽃이 붉으니, 종소리가 웅장하니, 향이 역하니, 맵고 쓰다느니 하는 것들이 모두 '진(塵)'이다. 불법의 본래에는 짜고 쓴 구별이 없다. 짠 것은 짠대로 좋고, 싱거운 것은 싱거운대로 좋고, 종소리는 '뎅' 하고 들릴 뿐이고, 냄새가 역하느니 향그러우니 하는 것이 모두 '진(塵)'에서 오는 것이다.

가산(家山) : 자기가 원래 가지고 있는 본성을 말한다. 바로 깨친 자리가 가산이다. 향진하면 이 본심인 가산이 점점 멀어져 다시는 찾지 못하게 된다.

기로(岐路) : '기(岐)'자는 길이 갈라진다는 글자다. 곧은 길이라야만 될 터인데 가다가 길이 갈라지니 어느 길을 취했으면 좋을지 갈팡질팡한다. 왜 일직선인 곧은 길로 가지 못하는가? 향진으로 번뇌·망상 때문이다.

봉기(鋒起) : 예리한 칼날로 쳐부숴도 번뇌 망상이 마구 떠오른다. 보통 힘으로는 억제하기 어렵다. 소위 대 발심을 일으키지 않고는 이를 막아낼 수 없다. 우리가 수행을 중단하는 것도 결국 이를 억제하지 못하기 때문이다.

칼날이 아니라 번갯불같아도 발심만 굳으면 쇳덩어리라도 녹일 수 있는 것이 선(禪)이다.

〔頌〕

〔원 문〕　　　　　　　　곽암칙화상(廓庵則和尙)

茫茫撥草去追尋하니　水濶山遙路更深이로다.
망 망 발 초 거 추 심　　수 활 산 요 로 갱 신

力盡神疲無處覓한데　但聞楓樹晩蟬吟이로다.
역 진 신 피 무 처 멱　　단 문 풍 수 만 선 음

〔역〕

망망(茫茫)한 데 풀을 헤치고 가서 추심(追尋)하니
물은 넓고 산은 멀어서 길이 다시 깊다.

힘이 다하고 마음이 피로하여 구해도 구할 곳이 없다.
다만 들리는 것은 해질 무렵 나무 가지에서 매미 우는 소리 뿐이다.

[**해설**]
망망(茫茫)한 데 풀을 헤치고 가서 추심한다.

원심은 일으켰지만, 보는 것 듣는 것 모두 망상투성이고 번뇌의 잡초뿐이다. 어디에 가서 찾으면 불성이란 소를 발견할 수가 있을까? 좌선만 하면 된다고 하기에 자나 깨나, 걸을 때나 버스 탈 때나, 사무 볼 때나 단전에 힘을 주어 보았으나, 그러면 그럴수록 망상이 꼬리에 꼬리를 물고 일어난다. "망망(茫茫)히 풀을 헤치고 찾았다." 그래도 소는 커녕 소의 발자국도 발견하지 못했다. 소의 그림자조차 보이지 않는다. 대체 견성(見性)이라는 것이 있는 것인가 없는 것인가? 견성은 해서 어디에 써먹으려는가? 쓸모가 있어야 해 볼 터인데 라는 생각이 들기도 하고, 견성하지 않아도 좋고 번뇌 대로 좋지 않은가 하는 생각도 해 본다.

물은 넓고 산은 멀어 길이 다시 깊다

애욕(愛慾)의 물은 점점 넓어진다. 인아(人我)의 산은 가도 가도 끝이 없다. 이 애욕의 강을 건너낼 것 같지 않다.

이 인아(人我)의 산을 넘어 끝까지 가도 찾아낼 것 같지 않다. 산에 들어가면 갈수록 길은 좁아진다. 길을 물어 보려고 해도 사람의 그림자조차 보이지 않는다. 심산유곡에 빠졌다. 어디를 향해 갈 것인가? 향방을 잡을 수가 없다. 향방이란 잡념·망상을 말한다. 잡념·망상 때문에 '무자(無字)'가 통하지 않는다.

힘이 다하고 마음이 피로하여 구해도 구할 곳이 없다.

몇 달 지나도 '무자(無字)'하나 모르니 나는 근기가 다했다. 3년 해도 5년 해도 모르기는 마찬가지다. 승당(僧堂)에 5년 이상 있으면 고참자로 남들 보기에는 '무자(無字)'정도가 아니고 《무문관》,《벽암록》 등을 다 통과했을 것이라고 우러러 본다. 그러나 내 자신은 아직 '무자(無字)'도 못 보고 있다. '무자(無字)'는 초관(初關)이다. 제일 먼저 보이는 화두(話頭)다.

기진맥진하여 이 이상 더 구할 길이 막혔다. 그래서 나는 아마 불(佛)에 인연이 없는가 보다 생각하고 중도에서 좌절하는 사람이 한두 사람이 아니다. 이런 사람은 선(禪)에 한하는 것이 아니고 어떤 일이든지 성공하지 못한다. 다시 말하면 우리가 선(禪)을 공부하려고 하는 이유는 근기(根機)를 배양함에 있다.

근기란 인내성을 말한다. "우물도 한 우물을 파라"는 말이 있다. 꾸준히, 서서히 급작스레 굴지 말고 봐 나가면 언젠가는 터지는 날이 있다. "생사대사 무상신속"(生死大事 無常迅速)이라는 말이 있다. 세월은 자기를 기다리지 않고 급류(急流)와 같이 빨리 흐른다. 이를 뒤쫓아야 말이지 잠시라도 게으르면 천만 리나 뒤떨어진다. 앞장서기보다 뒤떨어지지 않도록 노력하여야 한다.

다만 들리는 것은 해질 무렵 나무 가지에서 매미 우는 소리뿐이다.

나무 숲속에서 매미가 '맴맴' 하고 우는 소리가 들릴 뿐이다. 아무리 찾아도 소는 보이지 않는다. 온 종일 신발이 다 떨어지도록 이 산, 저 산을 뒤져 보았으나 소는 보이지 않고, 매미 소리가 들리는 것을 보니, 해는 서산에 기울어진 모양이다.

여기서 봉(棒〈願心〉)을 부러뜨려 버려서는 아무 쓸모가 없게 된다. 지금 여기가 십우도(十牛圖)의 입구에 들어선 데다. 소를 구한다는 첫발을 내디딘 데다. 첫걸음에 이렇게 피로해서 어디 견뎌낼 수가 있을까? 그러나 누구든지 한 번은 겪어야 한다.

옛날 무문 스님은 선방에 앉아 '무자(無字)', '무자(無字)' 하고 있었다. 뒤에 온 초심자가 '무자(無字)'를 투과하여 견성(見性)하는데 자기는 평석(評席〈직책〉)에까지 있으면서 깨치지 못했다.

　분통이 터지지 않을 수 없다. 오는 일 주일간의 납팔섭십(臘八攝心〈12월 8일 성도일〉)에 깨치지 못하면 죽겠다고 결심했다. 지붕 위에 올라가 용맹정진했다. 납팔의 최후의 날이다. 철야로 정진한다. 내일 첫 닭 울음소리에 새벽 판(板)을 울릴 때까지 깨치지 못하면 지붕 위에서 떨어져 죽겠다고 좌선하고 있었는데, 새벽 판소리가 들린다. 아이쿠, 판소리가 들리지 않는가! 이제는 떨어져 죽을 수밖에 없다고 떨어지려고 일어서는 찰라에 홀연히 깨쳤다.

　이런 예는 얼마든지 있다. 문제는 중단하지 말고 꾸준히 정진하면 누구든지 되는 일이다. "모든 중생이 불성을 지니고 있다"고 했으니 누군들 깨치지 못할 사람이 있겠는가? 다만 발로(發露)되지 않았을 따름이다. 그것을 발로시키려면 역시 노력하는 외에 다른 방법은 없다.

　아무리 찾아도 소의 그림자도 보이지 않는다. 수풀 속에서 매미가 시끄럽게 우는 소리가 들릴 뿐이다. 방향을 잡을 수가 없다. 기로(岐路)에 빠져 갈팡질팡하고 있다. 여기서 처음의 원심을 굽히지 말고 분발하여 다시 한번 더 용맹정진해 보라. 그래도 깨치기까지는 멀고 멀어 까마득한 일이다.

　자나 깨나 끊임없이
　'무자(無字)!',
　'무자(無字)!' 하면 돌과 돌이 부딪쳐 불이 반짝이는 것과 같이 반드시 눈이 열리는 때가 온다.

송(頌) : 공덕을 찬양하는 글자인데, 여기서는 칭술(稱述) 또는 칭찬한 시문(詩文)이라는 뜻이다.

망망(茫茫) : 아득하다는 뜻이다. 산길은 멀고 바다는 끝이 없다. 가도가도 한이 없다는 뜻이다.

발초(撥草) : 무명의 황초(荒草)를 헤치고 번뇌의 갈등을 물리쳐 모든 인연을 버리고 만사를 휴식하고 '심우(心牛)' 즉 본래의 면목을 구한다는 말이다. 다시 말하면, 본래의 면목은 엄연히 뚜렷하지만 구름에 가리워져서 좀처럼 벗길 수 없다. 그러니까 이를 어떻게 하든지 벗겨 보려고 애쓰는 것이 바로 수행이다.

수행은 좌선 공부에서 이루어진다.

추심(追尋) : 여러 선지식(善知識)을 두루 찾아서 진리를 구진(求盡)하고 심우(心牛)를 탐구하는 것. 자기의 도력을 굳히려면 역시 선배를 찾아 모르는 것을 질문도 하고 의견도 제시하여 이모저모로 견식을 넓혀야 함은 옛날이나 지금이나 마찬가지일 것이다. 그런데 여기서는 본래의 면목·본심·본성을 찾는다는 뜻으로 보면 된다.

수활산요로갱심(水闊山遙路更深) : 번뇌의 번뇌, 망상의 망상이 떠올라 끊일 사이가 없다. 좌선하려고 가부좌 틀고 앉으면 보통때와는 달리 잡념·망상이 왜 더 잘 떠오르는지 모른다. 찻집에서 잡담이나 할 때에는 한 시간, 두 시간이 어느새 지나간다. 벌써 시간이 이렇게 되었느냐고 하며 급히 일어서는 때가 많다. 그런데 좌선 중에는 왜 그렇게 시간이 긴지 모르겠다. 보통 때와는 달리 어머니 젖먹던 생각까지 떠오르니 이거 어디 해 먹겠는가하고 중단하는 사람이 대부분이다.

그러니까 가도 가도 심산이고 건너도 또 물이다. 그 산길도 보통 산길이 아니고 가시덩굴이 얽히고 설킨 험한 산에 비유했고, 물길도 태평양에 일엽편주가 돛대도 없이 흐르듯 위험천만이다. 이를 끌고 부두에 닿기란 용이한 일이 아니라는 것을 표현한 말이다.

만선음(晚蟬吟) : 저녁 때 나무 가지에서 매미가 운다. 이는 잡념망상이 솟구쳐 오르는 것에 비유한 것이다. 온 종일 찾아다녔으나 도무지 찾을 길이 없다. 잡념과 망상은 끊일 사이 없이 더 떠오르는 것을 표현한 말이다.

[和]

[원 문]　　　　　　석고이화상(石鼓夷和尙)

只管區區向外尋하니　不知脚底已泥深이로다.
지 관 구 구 향 외 심　　부 지 각 저 이 니 심

幾回芳草斜陽裏에　一曲新豊空自吟고.
기 회 방 초 사 양 리　　일 곡 신 풍 공 자 음

〔역〕
밖을 향하여 구하니 갈피(區區)를 잡을 수 없다.
발바닥이 흙투성이임을 알지 못했다.
몇 번이고 방초사양리에
일곡의 신풍 괜히 스스로 음하는가.

〔해설〕
화(和〈좋다고 칭찬하는 말〉)는 원문의 곽암 스님의 송(頌)과 같이 운(韻)을 써서 같은 시를 지은 것이다.
곽암 스님의 원문은 4자씩 두 번이고 다음은 7자로 되어 있고, 송(頌)은 7자씩으로만 되어 있는 것과 같이 이 화(和)는 송(頌)과 같이 7자씩 썼다.

다만 구구(區區)히 밖에서 구하니 발바닥이 흙투성인 줄 몰랐다.

밖에서 구하니 갈피(區區)를 잡을 수 없었다. 자기가 본래의 진원(眞源)임을 모르고 산에 가서 찾아 보고 강가에 가서 찾아보고 발이 닳도록 돌아다녔으나 찾지 못했다. 좌선하는 장소가 너무 요란하다느니, 입실(入室 : 화두를 증명받으려고 조실 스님 방에 들어가는 것) 방이 누설되기 쉽다는 불평을 일으키는 사람이 적지 않다. 물론 좌선하는 장소는 고요해야 하고, 입실방은 날새도 출입 못할 정도의 밀실(密

室)이라야 하는 것은 사실이지만, 전문 선방이 아니고 재가 수행자들이 수양이나 교양으로 도시에서 좌선하는 것이니 이러쿵저러쿵 나무래서는 안 된다.

석고이화상(石鼓夷和尙) : 《벽암록》의 저자 원오극근(圜悟克勤) 선사의 법손인 천동산 (天童山)의 무용정전(無用淨全) 선사의 법을 이어받은 항주 영은사 (靈隱寺)의 석고희이(石鼓希夷) 선사를 말한다. 선지(禪旨)에 투철함은 말할 것 없이 유학에도 조예가 깊었다고 한다.

지관(只管) : 그 일에만 전력한다는 뜻이다. 또 일직선으로 행한다는 뜻도 된다. 여기서는 망상과 잡념을 끊으려고 안간힘을 쓴다는 것을 말한다.

구구(區區) : 정근하는 모습. 하나 둘씩 망상을 제거한다는 말인데, 주어진 화두를 들고 조실스님을 찾아 입실하여 그 화두의 경계를 제시하는 것을 뜻하기도 한다. 제시하여 그 화두의 증오(證悟)를 받으면 그만큼 잡념이 제거되기 때문이다. 그러니까 1700여의 화두를 모두 증오받으면 대사료필(大事了畢)하게 된다는 얘기다.

향외심(向外尋) : 글자나 말귀에 구애되어 마음 밖의 어떤 곳에 불법이 있는 줄 알고 외부에서 구하는 것을 말한다. 바꾸어 말하면, 좌선 공부로 자기 본성을 내부로 밝히지 않고 밖에서 구하려는 헛된 노력을 가리킨 말이다.

초심자는 자성(自性)을 외면하고 딴 곳에서 찾는 것이 보통이다. 이는 잘못이다. 불법은 가장 가까운 곳에 있다. 예를 들면 "등잔 밑이 어둡다"는 말이 있고, 속눈썹이 눈에 제일 가까우나 보이지 않는 것과 마찬가지다.

각저이니심(脚底已泥深) : 진퇴양란이다. 발바닥이 흙투성이니 한 발자국도 옮길 수 없다. 잡념·망상 때문에 자기의 본성이 좀처럼 발견되지 않는다. 각하조고는 내 발 밑부터 먼저 보살피라는 뜻이다. 그러니까 불법은 가까이에 있지, 멀리에는 있지 않다는 말이 된다.

일곡신풍(一曲新風) : 농부들이 부르는 민요인데, 옛날 한(漢)나라 고조가 장안에 도읍하고 고향인 '풍(豊)'으로부터 부모를 모셔 왔는데, 그 부모가 장안을 좋아하지 않고 늘 고향인 '풍(豊)'을 그리워하므로, 고조는 장안 근처에 한 시가를 만들고 여기다 고향 사람들을 모으고, 고향의 민요를 부르게 했다는 고사에서 나온 말이다. 그래서 '신풍곡(新豊曲)'이라고 일컬었다.

온 종일 이 산 저 산 그리고 강가라는 강가를 다 돌아다니며 찾아봐도 그럴 만한 것을 발견할 수 없었다. 해는 이미 서산에 기울어졌으니 이제는 별 수 없이 '신풍곡(新豊曲)'이나 부를 수 밖에 없는 노릇이다.

[又]

[원 문]　　　　　　　　괴납련화상(壞納璉和尙)

本無蹤跡是誰尋가 誤入煙蘿深處深이로다.
본무종적시수심　오입연라심처심

手把鼻頭同歸客이 水邊林下自沈吟이로다.
수파비두동귀객　수변임하자심음

[역]

본래 종적이 없는데 누가 이를 찾을까?
잘못 연라심처의 깊은 데 들어가
손으로 코를 잡고 같이 돌아가는 나그네가
수변임하에서 스스로 심음(沈吟)한다.

[해 설]

 심우 즉 자기의 본래 면목 형(形)도 없고 자(恣)도 없으므로 대상적으로 찾을 수 없다. 자가 없고 형도 없지만 우리는 그와 잠시도 여의지 않고 그날 그날 살아가고 있다. 만약 그와 여의었다면 하루도 생활해 나갈 수 없다. 눈에 보이지도 않고 붙잡으려 해도 붙잡을 수도 없다. 이러한 것을 어디서 어떻게 찾으려고 돌아다니느냐 말이다. 우둔하고 미련한 것은 인간이 아닌가 싶다. 다른 동물은 이런 헛수고는 하지 않는다.
 그러니까 심우는 '공(空)'하기 때문에 이를 찾으려면 자신이 '공(空)'에 뛰어 들어갈 수밖에 없다. '공(空)'인데 이에

1. 심 우(尋牛)

어떻게 뛰어들어 갈 수 있겠는가? 실로 막연하다. 그런데 대상을 두고 찾는다는 것은 진리에 어긋난다. 사실은 찾지 않아도 버젓이 지니고 있는데 그것을 다만 모르고 있을 뿐이다. 모른다는 것은 구름에 덮여있기 때문이니 이를 벗겨 보려고 애쓰는 것도 일리가 있는 일이다. 그렇다면 구름을 벗겨 보라. 무엇이 나타나는가? 여기가 궁금하지 않을 수 없는 일이다.

옛날부터 수 없는 인사들이 구름을 벗겨 보려고 진땀을 흘렸다. 이런 분들은 대개 구름을 벗겼던 것이다. 그래서 고승석덕(高僧碩德)이 많이 배출되어 그들의 법맥이 오늘까지 면면히 이어 내려오고 있다.

연라(煙蘿)는 등나무를 말한다. 등나무가 얼기설기 송곳 넣을 틈이 없이 밀생하여 있는 깊은 산중에 들어간다는 것을 말한다.

다시 말하면 각(覺)을 등지고 육진(六塵) 속에 빠졌다는 것을 뜻한다. 각을 등지고 육진 속에 빠졌으니 솟아 나오기란 기대하기 어렵다. 그러나 노력 여하에 따라 곧 벗어날 수 있다. '직지인심 견성성불(直指人心 見性成佛)'이라고 했으니 그 사람의 마음먹기에 따라 이것처럼 쉬운 일도 없다.

우리들은 자신이 본래 불성을 지니고 있으나, 그것을 알지 못하고 딴 곳에 있는 줄 알고 찾아다닌다.

'소가 나이고, 내가 소'인데 소와 자기가 한 몸임을 모르고, 깊은 산중에 들어가 찾아 보고 강가에 가서 찾았으나 소는 보이지 않는다. 헛수고 많이 했다. 콧노래로 신풍곡이나 부르며 되돌아 갈 수밖에 없었다.

 자기 자신 외에 어디엔가 불성이 있는 양 생각한다는 것은 큰 잘못이다. 우리가 아직 수행이 미숙할 때, 진리란 어렵고 먼 곳에 숨어 있는 것으로 알고, 어디 가면 볼 수 있을까 또는 찾아낼까 하고 헤맨다. 이렇게 생각하면 할수록 진리의 당체는 점점 멀어져 끝내는 찾지 못하고 만다. 진리는 가까이에 있다는 것을 깊이 명심하고 가까이 가까이로 구해 보라. 구한다는 말 자체가 어폐가 있다. 다시 말하면 진리는 먼 곳에 있는 것이 아니라 자기 자신이 진리의 당체라는 점을 인득하면 된다.

괴납련화상(壞衲璉和尙) : 운거산 봉암덕회 선사의 법을 이어받은 이로서 만송괴납대련(万松壞衲大璉) 선사를 말한다.
연라(煙蘿) : 등나무를 말한다. 등나무가 얼기설기 송곳 넣을 틈이 없이 밀생하여 있는 깊은 산중에 들어간다는 것을 말한다.

2. 견 적 (見跡)

소의 발자취를 보았다.

2. 견 적(見跡)

〔序〕

〔원 문〕

依經解義하고 閱敎知蹤하니 明衆器爲一金이요,
의 경 해 의　　열 교 지 종　　　명 중 기 위 일 금

體萬物爲自己로다. 正邪不辨眞僞奚分가
체 만 물 위 자 기　　　정 사 불 변 진 위 해 분

未入斯門일새, 權爲見跡이로다.
미 입 사 문　　　권 위 견 적

〔역〕

경(經)에 의하여 그 뜻을 알고, 교(敎)를 읽고 자국을 아니, 중기(衆器)의 일금(一金)임을 밝혀 만물을 체(體)하여 자기로 삼는다. 정사(正邪)를 가리지 못하고 진위를 어떻게 가릴고. 아직 이 문(門)에 들어가지 못했으면 일시적으로(權) 발자국을 봤을 뿐이다.

[해 설]
깊은 산에 들어가 소의 발자국을 겨우 발견한 단계다.

경에 의하여 의(義)를 해(解)하고, 교(敎)를 읽고 종적을 안다.

먼저 경전을 읽고 고인의 어록을 보고 자성의 향방을 정하지 않으면 안된다. 비구는 경전을 안 봐도 좋다느니 공부하지 않아도 좋다느니 하는 말은 언제 누구의 입에서 나왔는지 모르겠다. 이는 큰 잘못이다. 좌선만 하면 되는 것이지 경전이 무엇이며 어록이 다 무엇이냐고 고집을 부리는 사람이 많다. '교외별전(敎外別傳)'이라고 하지만, 교(敎)가 있으므로 외(外)에 전할 수 있는 것이다. 본래 가르침이 필요하지 않다면 별전(別傳) 즉 따로 전한다고 하지 않을 것이다. 경전을 읽고 고인의 어록을 읽어서 안된다 하면 이는 큰 잘못이다.

수행 중에 경전이나 어록을 읽으면 그만큼 수행에 방해가 되는 것은 사실이지만, 어느 정도 수행이 익숙해지면 역시 경전이나 어록을 널리 읽지 않으면 안된다. 선에 들기 전에도 경전이나 어록을 읽는 것도 또한 방법임을 알아 두어야 한다. 덮어놓고 선승(禪僧)은 좌선 외에 어떤 학문도 필요하지 않다는 것은 큰 잘못이다.

옛날 어른들은 모든 학문을 읽고 연구하였으나 학문으로

서는 해결할 수가 없어서 선(禪)에 들어왔다. 그래서 그 선(禪)이 건전한 힘이 되어 활동이 전개되어 왔다. 불교의 경전 하나 모르고 고인의 어록을 모르고 법귀(法句) 하나 모르고 몇 10년 좌선해 보아야 별 수 없다.

옛날 주덕산(周德山)이라는 중이 있었다. 이 중은 경전에 통하지 않는 데가 없다시피 교학에 정통하였다. 그러나 선(禪)에는 문외한이었다. 하루는 용담이라는 선(禪) 스님을 찾아가서 밤이 깊도록 경전에 대한 얘기를 털어놓았다. 용담 스님은 듣다 못해, 밤이 깊었으니 객사에 나가 자라고 하니, 발을 들고 밖에 나오니 캄캄하여 어디가 어디인지 알 수가 없다. 그래서 되돌아와,

"스님! 캄캄하여 어디가 어디인지 모르겠습니다."

스님은 불을 붙여 이것을 가지고 가라고 하니 덕산이 그 촛불을 받으려는 찰라에 불어 꺼버렸다. 이 순간 덕산이 크게 깨쳤다. 그후 덕산은 당대 선계(禪界)에서 임제 선사와 쌍벽을 이룰 만큼 고명해 졌다.

그러니까 이때까지 배운 학문을 선(禪)의 힘으로 더욱 굳혔다는 얘기다. 굳히면 그가 확실해진다. 남에게 배워 아는 학문은 지식이다. 그런데 선(禪)의 힘으로 그가 굳어지면 지혜가 된다. 결국 지식은 남에게서 배우는 것이고 지혜는 자기 스스로 닦아서 체득하는 것을 말한다. 지식과 지혜는 땅과 하늘의 차이가 있다. 그러므로 선(禪)이라고 해서 학문을 기피할 것은 아니라는 것을 알게 된다.

우리나라의 원효 대사나 보조 국사 같은 이들은 한학에 조예가 깊었다. 그래서 어느 경전이건 자유로이 독파할 수 있었다. 거기다가 견성까지 하여 그 학문이 더욱 명료해졌기 때문에 그만한 업적을 남기지 않았는가! 설령 깨쳤다 해도 학문이 부족하면 깨침을 활용 못한다. 활용 못하면 그는 죽은 선(禪)이다. 산 선(禪)을 해야 말이지 죽은 선(禪)을 해서 무슨 소용이 있겠는가!

선(禪)에서는 '불립문자(不立文字)'를 내세우고 문자(文字)는 필요하지 않다고 주장한다. 그런데 이 '불립문자(不立文字)'란 깨침에 있어서는 필요하지 않지만 깨친 후에는 얼마든지 필요하다. 필요하다기 보다 문자(文字)가 없으면 선지(禪旨)를 전하기도 어려운 것이다.

다만 문자(文字)에 구애되지 않으면 된다. 가령 '공수파서두(空手把鋤頭)'라 할 때 문자(文字)에 구애되면 이 문제는 해결 못 한다. 손을 쓰지 않고 호미자루를 어떻게 쥐겠는가? 경(經)에 의하여 의(義)를 해(解)한다. 선종에서는 소의(所依)의 경전이라는 특정한 경전이 없다. 일체장경 어느 것이나 좋다. 부처님께서 설하신 경이라면 어느 경을 읽어도 좋지만 특히 고인(古人 : 옛어른) 이 제시한 경을 읽는 것이 좋을 것이다. 고인이 특별히 제시한 경전은 선(禪)에 계합(契合)된 것이기 때문이다.

달마 대사는 《능가경》을 2조 혜가 대사에게 주면서 이로써 수행하면 틀림없다고 했고, 5조 홍인 대사와 6조 혜능

대사는 《금강경》으로 선(禪)을 회득(會得)하고 있었다. 임제 대사는 《화엄경》을 연구하여 그로부터 선(禪)에 들어갔다.

《화엄경》에는 초목국토 모두 성불이라고 했고, 《금강경》에는 소주(所住)할 곳이 없는데 마음은 생한다고 했다. 모두 선(禪)의 묘체 아닌 것이 없다. 다시 말하면 불심을 그대로 표현한 것이다.

이러한 경을 읽지 않고, 우두커니 앉아만 있어서는 어떻게 하자는 것인가 !

조실 스님들의 제시함에 따라 소의 발자국을 발견해야 한다. 마음의 소의 발자국을 발견해 나가야 한다. 좀 어렵다고 중단해서는 영원히 못하고 만다.

중기(衆器)의 일금(一金)임을 명백히 하고, 만물(萬物)을 체(體)하여 자기로 삼는다.

철물점에 가면 냄비, 삽, 철사, 집게 등 쇠로 만든 도구가 얼마든지 진열되어 있다. 형(形)은 다르나 모두 같은 쇠로 만든 것이다. 더욱 이름도 다르다. 우주간에는 여러 가지가 있으나 모두 같은 원소(元素)로 되어 있다. 따라서 일체만상이 그대로 자기임을 체득할 수가 있다.

"천지와 내가 한 뿌리요, 만물과 내가 한 몸이다."

대단히 훌륭한 말이다. 그 말대로이지만 그 경을 알았다는 것만으로나, 법귀를 읽어 이해했다는 것만으로는 아직 깨쳤다고 할 수는 없다. 소를 봤다고는 할 수 없다. 그것은 발자국을 본데 지나지 않는다. 그러니까 경을 알고 법귀를 이해했다고 해서는 절대 깨치지 못한다. 이들을 다 버린 뒤에야 깨친다. 그리고 깨친 뒤에 경이나 법귀가 한층 더 뚜렷하게 체득된다.

정사(正邪)를 가리지 못하고 어찌 진위(眞僞)를 알겠는가?

무자삼매(無字三昧)가 되었다 하더라도 그는 소의 발자국을 본데 지나지 않는다. 진실한 견해를 체득하여 불(佛)을 알고 마(魔)를 아는 경지가 아니고는 깨쳤다고 못 한다. 다시 말하면 부처가 어떤 것이고 마귀란 어떤 존재인가를 구별 못한다면, 이는 범부 밑에 가는 범부에 지나지 않는다는 것이다. 정사(正邪)를 가리지 못한다면 진위(眞僞)를 알 리가 없다. 옥석(玉石)을 가리지 못하고는 광부(鑛夫)의 자격이 없는 것은 물론이다. 우리가 정사(正邪)를 가리지 못하고 참선변도(參禪辨道)하려는 어리석음과 같다. 정사(正師)를 택하여 공부하지 않으면 그는 일평생을 망친다.

아직 이 문에 들어오지 못하면 일시적으로 발자국을 봤을 뿐이다.

아직 문 안에 들어왔다고 할 수는 없다. 그러니까 문외한(門外漢)이다. 문 밖에 서성거린다. 8만 4천 문이 활짝 열려 있는데 이에 좀처럼 못 들어가는 멍텅구리가 대부분이다. 딱하기만 하다.

무자(無字)삼매에 들어가는 듯하나 웬일인지 정사를 가리지 못하고 진위도 모른다. '무자(無字)'라고 해 봤으나 맞았는지 틀려는지 알쏭달쏭하다.

견적(見跡) : 선(禪)을 배우려고 경도 읽고 설법도 듣고 여러 방면으로 연구해 보고, 조실 스님들을 찾아가 가르침도 받은 결과 선(禪)이란 어떤 것인가 이치는 알고 수행의 방법도 이해했지만, 이는 소위 지해(知解)의 범위를 벗어나지 못하고 있다.

따라서 심우를 철저히 본 것이 아니고 겨우 발자국을 본 단계에 지나지 않는다. '무자(無字)'에 주저앉아 어물거리는 형편이다. 그 자국이나마 놓치지 말고 추적하면 된다.

경(經) : 범어로 수다라(sutra)라고 하는데, 원래의 뜻은 '실(絲)'이라고 한다. 실로 꽃을 이리저리 꿰어 화환을 만들 듯이 언어나 문장으로 일체의 교법을 엮었다는 데서 나온 말이다. 이를 한역하여 '경(經)'이라고 일컬었다.

교(敎) : 불조가 가르친 교설(敎說)을 말한다. 경(經)은 부처님이 설하신 교법(敎法)이고, 교(敎)는 후대 사람들이 해

설한 것이다.

명중기위일금(明衆器爲一金) : 《능가경》에 "만일 쇠가 변하여 갖가지 형체의 기물(器物)이 되어도 쇠 자체에는 변함이 없다. 일체의 성변(性變)도 또한 이와 같다"고 했다.

체만물위자기(體萬物爲自己) : 조론(肇論)에 "지입(至入)은 공동(空洞)하여 상(象)이 없고 그래서 만물이 아님이 없고, 만물을 회(會)하여 자기로 하는 것이 또한 성인(聖人)이라"고 했다.

물질 가운데서 제일 귀하고 경도가 가장 높은 '다이아몬드'도 섭씨 4백 50도 ~500도의 고열에 넣으면 타서 없어지며 남는 것은 탄산가스뿐이라고 한다. 인간이나 다른 동물은 물론 장작개비를 태워도 남는 것은 다이아몬드와 같이 탄산가스라고 하니 만물과 내가 하나라는 말에 수긍이 간다.

〔頌〕

〔원 문〕

水邊林下跡偏多하니　芳草離披見也麽아?
수 변 임 하 적 편 다　　　방 초 이 피 견 야 마

縱是深山更深處나　遼天鼻孔怎藏他리오
종 시 심 산 갱 심 처　　요 천 비 공 즘 장 타

〔역〕

　강가에도 산에도 발자국이 꽤 많다. 풀이 우거져 있으니 보느냐 못 보느냐? 설사(縱) 이 심산이 다시 심처라 할지라도 요천의 비공 어찌(怎) 타(他)를 감출 것인가!

〔해 설〕

　소를 찾아 산에 들어간다. 맑은 개울물이 계곡을 굽이쳐 흐르는 강가, 그리고 소나무 숲속에 소의 발자국이 보이지 않는가!

　40년간 헤어졌던 친척을 만난 것보다 더 기쁘다. 다시 말하면 이때까지 잃어버렸던 자기의 본심을 발견했으니 말이다.

　송풍(松風) 소리도 소의 발자국이 아닌가. 뻐꾹새 우는 소리도 발자국이 아닌가. 보이는 것 들리는 것 모두 심(心)의 발현이 아님이 없다. 소 발자국이 아님이 없다. 소동파의 시에 "계곡을 흐르는 소리가 장광설(長廣舌)이고 산색이 어찌 청정심이 아니랴!"

　방초이피(芳草離披) 보이는가 안 보이는가?

　방초(芳草)는 불성을 설한 경이나 선(禪)을 제시한 어록(語錄)을 말한 것이다. 그런 책이 산더미같이 많이 있다. 이피(離披)란 풀이 얼마든지 우거져 있다는 것을 말한다. 그러니까 풀이 한없이 우거져 있는데, 이 방초(芳草)가 모두 불성을 나타내고 있지 않는 것이 없다. 모두 소의 발자국이 아닌가!

설사(縱) 심산이 다시 깊다 하더라도 요천(遙天)의 비공(鼻孔) 어찌 타(他)를 감출 것인가!

소의 발자취가 그처럼 많이 있는데 아직 확실히 보이지 않는 것은 번뇌의 잡초가 많기 때문이다. 번뇌의 잡초가 너무 무성하여 있기 때문이다.

찾아도 구해도 어디까지 가도 번뇌의 산이다. 망상의 잡초뿐이다. 이론의 풀이 우거져 소를 발견할 수 없으나, 그렇다고 하여 비관할 것은 없다. "요천(遙天)의 비공(鼻孔) 어찌 타(他)를 감출 것인가!"이다. 발자국만 똑똑이 보고 추적하면 멀리 있다 하더라도 감출 수는 없을 것이다. 언젠가는 그 정체를 나타낼 것이다. 제 아무리 콧대가 세다 해도 이편의 도력(道力)에는 어느 때인가 굴하고 말 것은 틀림없으니 비관하지 말고 서서히 굳세게 추적하면 된다.

자국을 보았으면 중단하지 말고 붙잡을 때까지 자국을 추적하라. 원심(願心)만 버리지 않으면 반드시 소를 붙잡을 때가 온다.

낙심하지 말고 원심을 다시 일으켜 산을 샅샅이 뒤져 보지 않으면 안된다. 겨우 십우도(十牛圖) 2단계에서 자국을 발견한 것이다. 그러나 소의 자국인지 말의 자국인지 확실하지 않으므로 더욱 분발해야 된다.

　　〔和〕

　　〔원 문〕
枯木巖前差路多나　草窠裏輥覺非麽아
고목암전차로다　　초과리곤각비마

脚跟若也隨他去하면　未免當頭蹉過他로다.
각근약야수타거　　　미면당두차과타

　　〔역〕
　　고목 암전에 차로가 많고, 초과리에 빠르게 구르며(輥) 비(非)를 각(覺)하느냐 않느냐? 각근(脚根) 만약 또 타(他)에 따라가면 면치 못하리라. 당두에 차과(蹉過)함을 !

　　〔해 설〕
　이렇든 저렇든 누가 무어라고 해도 결제(結制)이래 자나깨나 '무자(無字)', '무자(無字)'라고 해왔기 때문에 겨우 '무자(無字)'가 소의 발자국을 볼 정도는 되었다. 이 때까지는 자기와 관계없이 '무자(無字)', '무자(無字)'라고 해 왔는데 요새는 '무(無)'가 자기의 '무(無)'가 되는 듯하다. 심(心)의 소 발자국이 되었다. 따라서 '무자(無字)'가 판에 박혀왔다. 주야로 끊임없이 그 발자국을 놓지 말고, 걸을 때나 일할 때나 버스탈 때나 쉬지 말고 '무자(無字)'하면, 언젠가는 두 뿔이 하늘을 찌를 듯한 황소를 붙잡을 수가 있을 것이다.

다만, 아랫배 기해단전의 힘으로 된다는 것을 잊어서는 안된다. 학문이나 지식을 가지고 소를 찾으면 죽을 때까지 찾아도 못 찾는다. 이 점을 명심해야 한다.

차로(差路) : 엇갈리는 길, 아무 것도 없는 길에 한 번은 들어가지 않으면 안 되는 길. 왜냐하면 원래는 무일물(無一物)인 줄은 알면서도 그것을 찾아보지 않을 수 없기 때문이다. 그런데 산속으로 찾아 들어가 소를 붙잡는 것은 좋지만 만일 붙잡았더라도 그를 끌고 돌아나와야 말이지 산 속에 머물러서는 안 된다. 다시 뛰쳐 나오지 않고 산 속에 언제나 주저앉아 버리니까 불법에 어긋난다. 그래서 차로라고 했다.

다시 말하면 불법은 사물을 일단 뭉쳐서 사물도 없고 자신도 없는 경지에 이르는 것이 먼저 행할 일이다. 그런데 그에 머무르지 말고 다시 본래에 되돌아와야 한다. 만약 되돌아오지 않으면 고목한암(枯木寒巖) 짝다리 선(禪)이 되고 만다.

초과리곤(草窠裏輥) : 풀 덩굴 속에 굴러 떨어진다는 말이다. '경(經)' 또는 '교(敎)'의 문자 연구에 걸려 이것만이 불법의 전체인 양 알고 버티는 것으로 알면 된다. 다시 쉽게 말하면 수박 속은 보지도 못하고 거죽만 핥고 이것이 수박의 전부라고 오인하는 무식함을 가리킨 말이다. '곤輥'은 급히 굴러 떨어진다는 글자다. 굴러 떨어지는 것은 위의 수박을 가리킨 말이다. 거죽만 핥고, 이것이 수박의 전체라고 하고 단순하게 생각하니 급히 굴러 떨어진 셈이 된다.

타(他) : 경(經) 또는 교(敎)를 말한다.
당두(當頭) : 그때 혹은 서로 부닥칠 때라는 뜻이다.
차과(蹉過) : 잘못 지나쳐 버렸다는 말이다. 즉 소의 발자국에 구애되면 참소를 놓친다는 말이다. 소라고 하니 네 발에 두 뿔 나고 그리고 꼬리가 있는 동물로 알아서는 안 된다. 소는 가정한 것으로 진짜는 '심(心)'이라는 것을 알아야 한다.

〔又〕

〔원 문〕

見牛人少覓牛多하니 山北山南見也麽아,
견 우 인 소 멱 우 다　　산 북 산 남 견 야 마

明暗一條去來路에 箇中認取別無他로다.
명 암 일 조 거 래 로　　개 중 인 취 별 무 타

〔역〕

소를 본 사람은 적고 소를 구하는 사람은 많다. 산북과 산남을 보느냐 못 보느냐 ? 명암일조거래의 로(路)에 개중인취하니 따로이 타(他) 없다.

[해 설]

겨우 소의 발자국을 발견했는데 아무리 그 자국을 추적해도 발자국뿐이다. 꼬리도 보이지 않는다.

몇 번 입실(入室 ; 참선 문답하는 것)해도 요령(鈴)을 흔들기만 한다. '무자(無字)'가 이렇게 어려운 줄은 몰랐다. 이런 소리 저런 소리 별별 소리 다 해봐도 안 된다. 나는 불(佛)에 인연이 없는가 보다 하고 중단하려고도 했으나 남들 다 하는데 나라고 못 할 이유는 하나도 없다. 더욱이 발자국이나마 봤으니, 조금만 더 노력하면 꼬리를 볼 수가 있지 않겠느냐고 자위하며 결심한다. 이런 사람은 틀림없이 소를 붙잡을 것이다.

멱우(覓牛) : 불법을 체득하는 사람은 적고, 구하려고 애쓰는 사람은 많다. 스스로 닦아서 체인체득(體認體得)해야 하는데 이를 소홀히 하고 공짜로 알려고만 한다. 불법은 어떻고, 선(禪)은 어떻고, 교리는 어떻고 하는 이론만 퍼뜨리고 정작 진체(眞體)에는 체당(體當)하려고 하지 않는다. 좌선을 외면하고 불법을 알려고 하는 사람이 많다는 것을 뜻한 말이다.

산북산남(山北山南) : 이 산 저 산으로 돌아다니며 구하려고 하는 것을 뜻하여 천 산 만 산을 다 뒤져봐야 소가 있을 리 만무하다. 자기 자신이 소인 줄 모르고 괜히 헛수고만 한다. 애기를 업고 애기를 찾는 격이 되어 버렸다.

불법은 자아를 발견하려는 것이므로 딴 곳에 가서 어물거리지 말고 자기 발등부터 살펴보라. 그리고 원심(願心)을 내어 생사를 돌보지 말고, 불에 뛰어들라면 불에 뛰어들고 물에 뛰어들라면 물에 뛰어드는 용기가 있어야 한다.

3. 견우(見牛)

소를 보았다.

3. 견 우(見牛)

[序]

[원문]

從聲得入하면 見處逢源이라.
종 성 득 입   견 처 봉 원

六根門에 著著無差하니 動用中에도 頭頭顯露로다.
육 근 문   착 착 무 차   동 용 중   두 두 현 로

水中鹽味요 色裏膠靑이라.
수 중 염 미   색 리 교 청

眨上眉毛하면 非是他物이로다.
잡 상 미 모   비 시 타 물

[역]

소리로부터 들어가면 견처에 원(源)을 봉(逢)한다. 육근문에 착착 차가 없고, 동용의 중(中) 두두현로라. 수중의 염미와 색리의 교청이라. 미모를 잡상하면 이 타물이 아니다.

[해 설]

소를 찾아 나서서 소의 발자국을 겨우 봤고, 그리고 소의 엉덩이를 발견한 제 3단계의 견우(見牛)다. 소위 견성(見性)으로 깨침이 열린 장면이다.

소리로부터 득입(得入)하면 견처(見處)에 원(願)을 봉(逢)한다.

소가 '움메'하는 소리를 확실히 듣고 이상(理想)의 문이 열리면 비로소 심(心)과 서로 만난다. 우리들의 의식은 육근(六根)이므로, 안·이·비·설·신·의(眼·耳·鼻·舌·身·意)가 움직이는데, 이 가운데서 귀의 움직임이 제일 불가사의하다. 관음보살은 세상의 소리(音)를 감득한다고 한다. 반드시 소리만이 아니고 안·이·비·설·신·의와 모든 움직이는 것이 관세음보살인데 그 가운데서 소리의 의식이 가장 강하게 움직인다고 한다.

부처님은 새벽 별을 보고 깨쳤다. 영운 스님은 복숭아 꽃을 보고 깨쳤다. 동산 스님은 개울을 건너다 자기 그림자를 보고 깨쳤다. 무문 스님은 식사를 알리는 북소리를 듣고 깨쳤다. 백우 스님은 찻종을 받을 때 깨쳤다. 의현 스님은 옆방 사람들의 말소리를 듣고 깨쳤다. 향엄 스님은 돌자갈이 대나무에 부딪히는 소리를 듣고 깨쳤다. 이렇게 소리를 듣고 깨친 사람이 많다. 그런데 이것뿐 아니라 기연(機緣)만

다다르면 어떠한 작략(作略)에도 깨친다.

그러나 역시 머리 속이 비어야만 된다는 것을 알아야 한다. 파초 스님은 개구리가 물에 뛰어들 때 '풍덩'하는 소리를 듣고 깨쳤다. 무언가 외부의 것에 의하여 깨친다. 개구리가 연못에 뛰어 들 때 '풍덩'하는 소리가 폭탄이 터지는 소리 정도가 아니라 우주가 폭발하는 소리로 파초 스님에게 들렸을 것이다. 의현 스님은 옆 방 사람들의 말소리가 전쟁터와 같이 요란스럽게 들렸을 것이다. 위와 같은 강한 감격이 없이는 '원(源)'에 철(徹)할 수는 없을 것이다.

육근문(六根門)에 착착(著著) 차(差)함이 없다.

귀만 아니고 눈도 그렇고 냄새도 그렇다. 맛도 마찬가지며 감각도, 생각하는 것도 그러하다. 안·이·비·설·신의 6근문을 통하는 무엇이든지 모두가 나(我)다. 6근이 촉(觸)하는 바가 모두 깨침의 문이 아닌 것이 없다. 우리의 일거일동이 어느 하나가 깨침의 경지에 통하지 않는 것이 없다는 말이다. 가령 주부가 걸레질할 때 그 걸레질과 하나가 되면 완전히 깨친 경지다. 그래서 '수처위주 입소개진(隨處爲主 入所皆眞)'이라고 했다.

동용중(動用中)에 두두현로(頭頭顯露)한다.

동용(動用)은 활동하는 것을 말한다. 따라서 불성이란 활동이다. 눈은 보고 귀는 듣고 코는 냄새 맡고 입은 말한다. 이러한 의식의 움직임 가운데 소가 머리를 내밀고 '움메' 하지 않는가! 불성을 노골화하고 있다. 꼬리털 하나 감추고 있지 않다. 이런 것을 왜 찾는가? 밖으로 찾으려면 이 우주간에는 소가 없다. 없는 것이 아니라 보이지 않으니 찾을 수 없다는 것이다.

좌선하여 무자삼매(無字三昧)가 되어 조주 스님의 무자(無字)를 알게 되면 일단 견성이라고 하지만 좌포 위에서 견성했다는 것은 활동이 약하다. 그래서 외계에 촉하여 그의 약동하는 생명을 붙잡지 않아서는 안된다. 깨치는 것만으로 선(禪)의 전체가 될 수 없다.

좌선하여 삼매의 힘이 외계의 소리에 타파되고 외계의 색(色)에 타파되어 이에 홀연히 자성이 약동한다. 소리가 자긴가 자기가 소린가? 소리와 자기가 하나가 되어 들린다. 소위 주관과 객관이 하나가 되어 이에 소가 엉금엉금 기어 나온다.

수중(水中)의 짠 맛, 색리(色裏)의 교청(膠靑)이라.

이는 선혜 대사의 '심왕명(心王明)' 가운데 있는 말이다. 물에 짠 맛이 있으나 보기만 해서는 모른다. 색연필 가운데는 반드시 아교가 녹여져 있다. 그런데 보기에는 녹색, 청

색, 홍색 등 색깔이 보일 따름이고 아교는 보이지 않는다. 이와 마찬가지로 불성도 자(恣)가 보이는 것도 아니고 형(形)도 보이지 않는다. 그리고 색도 없다. "일체중생이 모두 불성을 지니고 있다"고 하나 그것이 눈에 보이는 것도 아니고 냄새를 풍기는 것도 아니다. 그래서 수행하여 그를 본 사람이나 알고 그렇지 않은 사람은 모른 채 일평생을 지낸다. 그러니까 누구도 소를 가지고 있으니 이를 발견하도록 노력해야 한다는 얘기다. 노력이란 좌선을 통하여 수행하는 것을 말한다.

미모(眉毛)를 잡상(眨上)하면 이 타물(他物)이 아니다.

눈썹 한 번 잠깐 움직여도 거기에는 불성이 움직이고 있다. 눈썹을 올리려면 눈을 뜨지 않으면 안된다. 눈을 떠 보면 보이는 것, 들리는 것 어느 하나가 불이 아닌 것이 없다. 모두 소가 아님이 없다. 이를 보고 있으면서 소가 보이지 않는다고 하는 것은 망상이 많기 때문이다. 선입관이 머리 속에 꽉 차 있기 때문이다. 악지식을 가지고 있기 때문이다.
 이 악지식을 버리고 선입관을 버리고 무심(無心)이 되면 종소리도 소의 소리고, 목탁 소리도 소가 우는 소리고, 자동차가 "빵빵" 하는 소리도 소가 우는 소리다. 어느 하나 소가 우는 소리 아닌 것이 없다. 이로부터 불성을 발견하지 않으면 안된다. 그러니까 우리들의 일거일동 어느 하나가 진리의 당체가 아닌 것이 없다는 얘기다. 그런데 이를 모르고 일평생을 지낸다는 것은 진실로 불행한 일이 아닐 수 없다. 한 번 눈을 크게 뜨고 멀리 바라 볼 필요가 있지 않겠는가?

    견우(見牛) : 소의 발자국을 발견하고 한층 더 노력한 결과 소를 봤다. "자가옥리(自家屋裏)의 천진불(天眞佛)"을 발견한 것이다. 즉 찾던 소를 직접 볼 수가 있었다는 얘기다. 소를 발견해도 거기에는 깊고 얕은 데가 있지 않을 수 없다. 이 말은, 깨친 그 원리는 같더라도 활용면에 있어서 차이가 있다는 것을 뜻한다. 그것은 그렇다 하고 우선 일체가 자기 아님이 없다는 것을 알게 되었다. 이때까지 밖에 어떤 것이 있으리라고 무한히 애써 왔지만, 결국은 자기 자신에게 있음을 알게 되었다. 다시 말하면 깨친 단계에 이르렀다.

    종성득입견처봉원(從聲得入見處逢源) : 옛날 경청 스님이 현사 스님에게 수행의 요체를 물었다. 현사 스님은 잠깐 개울에 흐르는 물소리에 귀를 기울이고 있다가 "그대는 저 소리가 들리느냐"고 물었다. 경청이 "들립니다.", "저 소리로부터 들어가라"고 지시했다. 소위 '문성오도(聞聲悟道)'의 길이다.

    육근문(六根門) : 안·이·비·설·신·의(眼·耳·鼻·舌·身·意)의 여섯 가지 문을 말한다. 오도에 들 때 머리 속이 텅 비기만 하면 어떤 것을 보고도 깨치고, 어떤 소리를 듣고도 깨치고, 어떤 냄새를 맡고도 깨지고, 어떤 맛을 보고도 깨치고, 몸에 모기나 파리가 물어도 깨친다는 것이다.

착착무착(着着無着) : 착착은 착 맞아 떨어진다는 말이다. 무엇이 맞아 떨어지느냐 하면, 빨간 꽃을 보면 그와 하나가 되고, 종소리가 들리면 그와 하나가 되어 어긋남이 없다는 것을 뜻한다.

동용중(動用中) : 일상생활의 활동을 말한다. 선에서는 행·주·좌·와(行·住·坐·臥)란 말을 흔히 쓴다. 즉 자고, 깨고, 먹고, 일하는 것을 말한다.

수중염미색리교청(水中鹽味色裏膠靑) : 부대사(傅大士)의 '심왕명(心王銘)'에 "수중(水中)의 짠맛, 색리(色裏)의 교청(膠靑), 그의 형(形)이나 자(恣)는 보이지 않는다. 심왕(心王) 또한 마찬가지다"라고 했다. 바닷물 속의 짠 맛, 색깔 속의 아교는 쉽게 구별이 되지 않는다. 묻쳐서 그려 봐야 빨갛고 푸른 것을 알 수 있듯이 깨친 사람의 배짱에 들어가 보지 않고는 알 수가 없다는 것을 뜻한 말이다.

잡상미모(眨上尾毛) : '잡(眨)'은 눈 껌벅거린다는 글자다. 깨친 사람의 눈으로 볼 때 산하대지(山河大地)에 모두 법신이 나타나 있다는 얘기다. 산으로 들로 심우(心牛)를 찾아 헤맨 것은 깨치지 못한 사람의 소치이고 깨친 사람

은 이미 산과 들에 법신(法身)이 가득 차 있다는 것을 알
게 된다.

〔頌〕

〔원 문〕
黃鸎枝上一聲聲하니 日暖風和岸柳靑이로다.
황 앵 지 상 일 성 성   일 난 풍 화 안 유 청

只此更無回避處에 森森頭角畵難成이로다.
지 차 갱 무 회 피 처   삼 삼 두 각 화 난 성

〔역〕
꾀꼬리가 나무 가지에서 지저귀고
날씨는 화화(和和)로와 언덕의 버드나무는 푸르다.
다만 다시 회피할 곳 없고,
삼삼(森森) 한 두각(頭角)은 그리려 해도 그릴 수 없다.

〔해 설〕
매화 나무가지에서 꾀꼬리가 '꾀꼴꾀꼴' 아름다운 소리로 지저귀고 있다. 이것이 소가 아닌가! 이것이 불성이 아닌가! 따뜻한 봄바람이 불어와서 태양은 따뜻하고 바람은 화화(和和)로와 버드나무에 싹이 튼다. 화창한 봄, 아름다운 경치다. 눈에 보이는 것, 귀에 들리는 것 모두 소가 아닌가?

모두 불성이 아닌가? 개울에 흐르는 물소리는 노장 스님이 설법하는 소리와 같고, 산천이 모두 불신(佛身)이 아닌 것이 없다. 우리들의 일상 생활이 모두 불법신(佛法身)이다.

삼삼(森森)한 두각(頭角)은 그리려 해도 그릴 수 없다.

이렇게 되면 도망치려 해도 도망칠 수가 없다. 어느 하나가 소 아님이 없다. 삼삼(森森)은 아름답다는 데 쓰인다. 그 소의 뿔 모습이 보통이 아니다. 양 쪽으로 팔자(八字)로 뻗은 것이 대견하다. 이것이 하도 아름다워 그림으로 그리려고 해도 그릴 수가 없다. 그리려고 하면 둘이 되어 버린다. 불법은 하나라야만 된다.

연못에서 잉어가 뛰는 소리는 놀랄 정도의 소리인데 그 소리를 말해 보라고 해도 표현 못한다. 매화 나무가지에서 꾀꼬리가 지저귀고 있는데 이 소리를 시로 써 보라고 해서 쉽게 쓸 수 없다. 꽃은 붉고 버드나무는 푸르다. 무어라고 말할 수 없는 아름다움이 아닌가? 그려 보라고 하면 형체는 그릴 수 있어도 살아 있는 소는 그릴 수 없다. 생생히 약동하는 심우(心牛)는 그릴 수도 없고 말로 표현할 수도 없다. 이것이 견성(見性)이라는 것이다.

옛날 어떤 염불 공부하는 스님이 조실 스님을 찾아서 시를 한 수 불렀다.

"나무아미타불의 소리만 부르면 나도 부처도 없다."

이때 스님은 아직 공부가 모자라니 더 공부하라고 일러주었다. 과연 그렇다. 미숙하기 짝이 없다. 나무아미타불의 소리와 그 소리를 듣고 있는 자기가 둘이다. 소리와 소리가 아닌, 무언가 둘이 있기 때문에 '소리만'이라고 했던 것이다. 그래서 3년 더 공부하고 다시 찾아왔다. 이번에는

"부르면 나도 없고 부처도 없다. 나무아미타불, 나무아미타불."

그만 하면 되었다고 하니

"그만"이라는 말에 불만이 있어서,

"그러면 스님은 어떻게 부르겠습니까?"

"부르면 나도 없고 부처도 없고 뒷 연못에 바람이 솔솔".

사실 "나무아미타불, 나무아미타불"이라고 부를 때 자기와 나무아미타불과 하나가 되면 이는 확실히 삼매(三昧)에 틀림없으며 염불의 극치라고 하겠다.

그러나 그 나무아미타불을 타파하고 "연못에 바람이 솔솔 불고 있다"는 이 현실대로의 염불이 더욱 흥미가 있다. 송풍이 불 때 송풍이 염불이고, 귀뚜라미 우는 소리 그대로가 염불이라고 받아들이지 않아서는 안된다.

황앵(黃鶯) : 꾀꼬리 지저귀는 소리, 훈풍에 산들거리는 버드나무, 까마귀는 깍깍, 참새는 짹짹, 이것들이 모두 불법의 당체다. 정말 이런 것들이 불법의 당체라면 삼척동자도 아는 일인데 무엇 때문에 불법을 구하려고 할 것인

가? 그러나 이들을 제대로 보고 듣는 사람이 몇 사람이나 되겠는가? 까마귀가 우는 소리를 들으면 재수가 없다느니, 사람이 죽는다느니 하는 망상을 일으키니까 말이다. 솔직히 받아들여 자기와 하나가 되어야 한다.

무회피처(無廻避處) : 원문에는 '회(回)'자인데 여기서는 '회(廻)'자를 쓰는 것이 옳을 듯하다.

앞 단계에서 말한 바와 같이 보는대로 듣는대로 외에는 아무 것도 없다. 다시 생각해 보거나 구해 볼 여지가 없다. 천지가 모두 심우(心牛)다.

삼삼(森森) : 여기서는 쇠뿔이 천지에 가득히 차 있다는 것을 뜻한다. 쇠뿔은 심우(心牛) 즉 불법의 당체를 말한다. 그러니까 불법이 어느 높고 깊은 산중이나 깊은 바다 속에 감추어져 있는 것이 아니라, 천지간 어느 구석에도 가득히 차 있다는 얘기다.

〔和〕

〔원 문〕

識得形容하면 認得聲이라. 戴嵩從此妙丹靑이요
식 득 형 용　　　　 인 득 성　　　　 대 숭 종 차 묘 단 청

徹頭徹尾渾相似하되 仔細看來하면 未十成이로다.
철 두 철 미 혼 상 사　　　　 자 세 간 래　　　　 미 십 성

〔역〕

형용을 식득하면 소리를 인득한다. 대숭이 이로부터 묘단청이요, 철두철미 모두 서로 같으나 자세히 보면 아직 십성(十成)은 못 된다.

〔해 설〕

날씨가 매우 화창하다. 봄바람이 산들산들 불어 버드나무 가지에 새파란 새싹이 나온다. 거기에도 불성이 있고 소가 있지 않은가! 이 소를 붙잡아야 한다. 천 년 만 년을 지나도 소가 변하지 않고 살아 움직이고 있다. 어디에 가도, 어디를 봐도 소는 약동하고 있다.

대숭(戴嵩) : '숭(嵩)'은 '송(崧)'자로도 쓴다. 두 글자 다 높은 산 또는 큰 산이라는 글자다. '숭산(嵩山)'은 중국 하남성에 있는 산 이름인데 달마 대사가 이 산의 소림사에서 9년간 면벽하였다고 한다.

옛날 대숭이 그림을 한관에게서 배우는데 도무지 재능이 없어서 한관으로부터 늘 꾸지람만 들었다. 그런데 유독 소를 잘 그렸는데, 그 소 그림만은 스승인 한관도 따르지 못했다고 한다.

소의 눈알이 담홍(淡紅)색인 것은 누구도 흉내내지 못할 묘경에 이르렀다고 한다.

그래서 모습을 식득하고, 소리를 인득하므로써 이러한

경지에 이른다는 것을 표현한 말이다. '성(聲)'은 가르친다(敎)는 뜻으로도 풀이되는데 여기서는 익힌다(習)는 뜻도 된다.

단청(丹靑) : 원래는 적(赤)·청(靑)의 두 색을 말한다. 전(轉)하여 회화의 통칭으로 쓰이고 있다. 대승이 소를 그릴 때 색채를 썼는 데 그 묘(妙〈원문에는 玅로 되어 있다〉)를 얻었다. 소(自性)를 발견했으니 대견한 노릇이 아닐 수 없다는 말이다. 왜냐하면 깊은 산중에나 파묻혀 있는 줄 생각했던 것이 바로 자기자신임을 알게 되었으니 말이다.

십성(十成) : 완전 또는 만족하다는 뜻이다. 그런데 그린 소를 자세히 보니 머리로부터 꼬리에 이르기까지 잘 그려서, 마치 살아서 움직이는 것 같이 보이기는 하나 아직은 미흡한 데가 있다. 즉 자기 본구(本具)의 소에는 자(恣)도 없고 "움메" 하는 음성이 없기 때문이다. 따지고 보면 불법의 당체는 공(空)하다. 공하니까 자나 형이나 음성이 있을 리 없다. 그런데 대승이 그린 소는 소라는 자체의 형이 있고 자가 있으니 완전한 것이 못 된다는 얘기다. 그러니까 불법 당체로 봐서는 그릴 수도 없다는 것을 뜻한 말이다.

〔又〕

〔원 문〕

驀面相逢不逐聲하니 此牛非白赤非靑이로다.
맥 면 상 봉 불 축 성　　　차 우 비 백 적 비 청

點頭自許微微笑나 一段風光畵不成이로다.
점 두 자 허 미 미 소　　　일 단 풍 광 화 불 성

〔역〕

맥면이 상봉하여 소리를 쫓지 않으니,
이 소는 백(白)도 아니고 청(靑)도 아니로다.
점두(點頭)하여 스스로 미소지음을 허하나,
일단의 풍광 그려도 그림이 되지 않는다.

〔해 설〕

'움메' 우는 소리, 소의 울음소리를 듣고 소의 그림자를 보았으니 어느 정도 수행이 된 듯하다. 그러나 아직 소를 붙잡는 데까지에는 이르지 못했다. 엉덩이나 잠깐 본데 지나지 않는다. 앞으로 7단계나 더 있다. 용이한 일이 아니다.

　더욱 힘을 내서 소를 붙잡아야 한다. 엉덩이 정도 봐 가지고는 어림도 없다.

　좌선한답시고 선방에 와서 우두커니 앉아 있기만 해서는 안 된다. 청소도 하고 독경도 하는 가운데 황소가 살아있다. 이를 찾지 못한다는 것은 미련해도 이만저만이 아니다. 좌포 밑에도 있고 돗자리 위에도 있고 흑판 뒤에도, 죽비 소리에도 소가 살아 있다. 하루속히 이를 붙잡도록 노력하라. 당신의 주위에는 소가 얼마든지 있다는 것을 한 순간도 잊지 말라.

맥면상봉불축성(驀面相逢不逐聲) : 맥면은 얼굴과 얼굴, 코와 코를 서로 맞댄다는 것을 말한다. 소를 구하는 사람과 구하는 상대인 소의 얼굴과 코가 서로 맞대인 이상 남이야 이렇고 저렇고 한들 하등 소용없다. 확고하게 진리를 봤으니 말이다. 아직 진리를 파악 못 했을 때에는 이 사람의 말을 듣고 이런가, 저 사람의 말을 듣고 저런가 하는 것이 보통이지만 이런 사람은 자신이 없어서 갈팡질팡하기 마련이다.

이 소는 흰 소인지 파란 소인지 처음에는 분간 못했지만 붙잡고 보니 흰 소도 아니고 파란 소도 아니었다. 진리에 희고 파란 색의 구별이 있을 리가 없다.

점두자허(點頭自許) : 점두는 수긍하는 말인데 여기서는 "뜨겁고 찬 것은 스스로 안다"는 것을 뜻한다. 소위 뜨겁고 찬 것은 직접 손을 넣어 봐야 알게 된다는 얘기다.

더욱이 선(禪)에 있어서는 실천실수를 강조한다. 직접 체험했을 때 그 기쁨이란 이루 형언할 수 없다. 이를 법열(法悅)이라고 한다. 그런데 이때 "다만 스스로 흡열(恰悅)할 뿐 주워서 그대에게 보내지 못한다."고 했다.

풍광(風光) : 경치 또는 풍경이라는 말이다. 그런데 여기서는 본래의 면목에 당면한 소식을 말한다. 다시 말하면 한 소식을 얻었다는 말로 견성했다는 뜻도 된다.

화불성(畵不成) : 그 소식을 그림으로 그릴 수 없다는 말이다. 소위 불립문자 불급언전(不立文字 不及言詮)이다. 글로 설명할 수도 없고 말로 이치를 캘 수도 없다. 다른 학문은 말로 풀이할 수 있지만 이것만은 어떠한 힘으로도 불가능하다. 다만 자신이 스스로 닦아 체득할 뿐이다. 그렇게 많은 소를 밟고 다니면서도 그를 남에게 알려주지 못하는 심정 안타깝기만 하다.

4. 득 우(得牛)

소를 붙잡았다.

4. 득 우(得牛)

[序]

[원 문]

久埋郊外라가 今日逢渠하니 由境勝以難追요,
구 매 교 외　　금 일 봉 거　　유 경 승 이 난 추

戀芳叢而不已하니 頑心尙勇하고 野性猶存이라.
연 방 총 이 불 이　　완 심 상 용　　야 성 유 존

欲得純和인댄 必加鞭韃이로다.
욕 득 순 화　　필 가 편 달

[역]

오랫동안 교외에 파묻혔던 그대를 만나니, 경승(境勝)하기 때문에 뒤쫓기 어렵고 방총(芳叢)이 그리워 견디기 어렵다. 완심(頑心) 더욱 치열(勇)하고 야성이 아직 존(存)하니, 순화(純和)를 얻으려거든 반드시 편달을 가하라.

[해 설]

소를 보기만 해서는 안 된다. 고삐를 단단히 붙잡아 내 것으로 하지 않으면 안된다. 이것이 네 번째 단계의 득우다.

오랫동안 교외 흙 속에 묻혀 있던 것을 오늘 발견하게 되었다.

중생이 본래 불이다. 태어나면서 오늘까지 불성의 소를 가지고 있으면서, 그 심(心)의 소가 어디에 있었는지 전혀 모르고 있었다. 그리고 전 우주간의 구석구석에 마음의 소가 가득 차있는 줄도 모르고 있었는데 오늘에야 겨우 소와 만나게 되었다. 만나는데 그치지 말고 붙잡아서 자기 것으로 만들어야 한다. 그래서 얻은 이 소를 일상생활에 활용해야 한다. 얻기만 해서는 그림의 떡이다. 그리고 얻은 경계에서 잠시라도 후퇴하지 않도록 연마하는 것이 득우다. 이 단계는 일단 깨친 자리다. 깨치는 것쯤은 그다지 어려운 일도 아니다. 그것을 모든 생활면에 활용하기까지는 앞으로 상당한 훈련을 하지 않으면 안된다. 활용이란 사물과 한 몸이 되는 것을 뜻한다. 다시 말하면 은행원이 계산할 때 그와 하나가 된다는 얘기다. 만약 하나가 되지 않으면 그 계산은 오산을 가져온다. 선(禪)은 이러한 면에 항상 온 정신을 투입한다.

옛 어른들은 "득우는 심지(心地)가 이미 견혹(見惑)을 끊고, 6진(塵 : 안・이・비・설・신・의)에 오염되지 않으며,

적멸진공(寂滅眞空)의 묘리를 보기는 했지만 아직은 사유(思惟)의 혹(惑)을 완전히 끊었다고 볼 수 없으므로, 연(緣)에 따르고 경(境)에 대해 여사(慮思)가 생하고, 심한 경(境)에 부닥치면 마음이 산란해진다"고 했다.

그러니까 살얼음이 언 격으로 완전한 것은 못 된다는 말이다.

과일이 무르익어 제 맛이 나도록 되려면 그 소를 놓치지 말고 꼭 붙잡고 길러야 한다.

거(渠)자는 개천이란 글자인데, 크고 깊고 넓다는 뜻으로도 쓰인다. 그리고 휑뎅글한 껄껄웃음 또는 두목, 그대 등의 뜻으로 쓰이는데 여기서는 '소'로 보면 된다. 오랫동안 교외의 벌판에 버려두었던 소를 만났다. 다시 말하면 자기 본래의 면목을 발견했다는 것이다. 이 본래의 면목은 교외에 버려둔 것이 아니라 자기 자신의 몸에 지니고 있었다.

그것을 모르고 다른 곳에 있는 줄 알고 애쓰고 찾았다는 것이 미련하기 짝이 없었다.

붙잡고 보니 그 소의 경계(境界)가 엄청나게 뛰어나다. 우리들의 경지(境地)와는 달라서 부리기 어렵다. 잠깐 보기는 했으나 어느새 도망친다.

경계란 각기 다르다. 제비의 경계는 제비가 아니고는 모른다. 닭의 경계는 닭이 아니고는 모른다. 물고기의 경계는 물고기가 아니고는 모른다. 찬물에서 헤엄치는 것이 가여워서 따뜻한 물에 넣으면 죽어 버린다. 물고기의 경계를 사람이 알 리가 없다.

경(境)이 승(勝)하므로 뒤쫓기 어렵다.

이 본래의 면목이라는 소는 번뇌·망상의 경계로서는 도저히 알아내기 어렵다.
이 소가 먹는 풀은 보통 풀과는 다르다. 그래서 방초를 즐겨 이것만을 택한다.
옛날 어떤 스님이 절에서 뛰쳐나가 걸식하고 다녔다. 제자가 겨우 스님을 찾아서
"스님이 절을 버린 것은 좋습니다만 제자까지 버릴 수야 있겠습니까?"
스님의 말이
"나와 그대는 경계가 다르다. 함께 살 수는 없으니 그대는 그대 대로 가고 나는 나 대로 가겠다"
고 하면서 꽁무니를 뺀다.
"그러지 마시고 저에게 스님의 경계를 가르쳐 주십시오."
"따라와도 소용없으니 얼른 가라"
고 쫓아도 뒤를 따라온다. 부득이 동행했다. 한참 가노라니 길가에 죽은 거지 시체가 있다. 누구 하나 장사치뤄 주는 사람이 없다. 제자 보고 농가에 가서 괭이를 빌어다 땅을 깊숙히 파고 반듯이 묻고 정중하게 독경을 올렸다. 옆을 보니 헌 보자기에 싼 밥통안에 밥이 남아 있었다. 참 기특한

걸인이다. 남들은 자기도 못먹는 처지인데 이렇게 남겨두었으니 참으로 고마운 사람이다. 오늘은 이를 공양하리라고 맛있게 자시면서 제자에게도 권했다.

제자도 먹으려고 했으나 도저히 목에 넘어가지 않았다. 그러나 눈을 감고 마음을 가다듬고 염불하며 입에 넣었지만 넘어가지 않는다. 좀 있다가 뱉아버린다.

스님의 말이 "경계가 다르다는 것이 이런 것이다. 나와 그대는 세계가 다르므로 동행할 수 없다. 돌아가라"했다는 얘기가 있다.

깨친 사람과 깨치지 못한 사람은 그 입장이 다르므로 모든 생활에 있어서도 같지 않다. 그 스님이 거지로 돌아 다니는 것을 우리들은 거지로 알지만 그 스님은 자기가 거지 노릇한다고는 생각지 않는다. '수처위주 입소개진(隨處爲主 立所皆眞)이라'는 말이 있듯이 어디서 어떻게 행동하는지 그 스님으로서는 법행(法行)으로 알고 있다.

이 소가 먹는 풀은 보통 풀이 아니고 방초(芳草)를 즐겨 이 풀만을 택하듯이 우리도 이제까지 경(境〈차별〉)에만 살았기 때문에 좀처럼 그것을 여의지 못한다. 다시 말하면 번뇌·망상·시비·선악의 분별인 경(境)을 탈피하기란 쉽지 않다는 말이다.

사실상 우리는 차별만 알고 평등은 모르고 산다. 이 소는 평등을 좋아하고 차별은 싫어한다. 그렇다 해서 평등만으로 사는 것도 아니다.

그런데 이 소는 완강하여 아직 야성을 탈피 못하고 있다. 겨우 붙잡기는 했으나 고삐를 끊고 도망치려고 한다. 조금이라도 방심하면 산으로 달아난다. 그러므로 붙잡아서 자기 것으로 만들기란 용이한 일이 아니다.

완심(頑心) 더욱 치열(勇)하고 야성이 아직 존(存) 한다.

인간은 다른 동물보다 아집이 세다. 고집이 센 사람을 '콘크리트 인간'이라고 부른다. 수행하여 깨치려고 하면 자신의 고집을 때려 부숴버려야 한다. 그래서 선(禪)은 인간개조라는 말로 표현하기도 한다. 일단 자기란 개성을 버려야 한다.

순화를 얻으려고 하면 반드시 편달을 가해야 한다.

이 소를 잘 길들여 자기와 같이 있도록 얌전하게 하려면 고삐를 단단히 붙잡아 놓치지 않도록 엉덩이를 두들기지 않으면 안된다. 정념상속(正念相續)하여 불성을 놓치지 않는 공부가 없으면 이 소는 곧 산으로 도망친다. 그러니까 늘 채찍질하여 도망치지 않도록 주의 하여야 한다.

유경승(由境勝) : 우리는 원래의 참다운 면목을 알지 못하고, 여러 해 동안의 습관에 의하여 시비·선악의 상대,

경(境)을 정작 진면목인 줄 알고 이의 범위에 얽매여 능경(能境) 일여(一如)임을 잊고 있었다. 그랬기 때문에 뒤쫓기 어려웠다. 소위 난추(難追)다.

곧 자기 자신이 소이건만 경(境〈色・有・差別〉)에만 집착했기 때문에 발견하기 어려웠던 것이다.

방총(芳叢) : 소가 풀을 먹되, 아무 풀이나 먹지 않는다. 그래서 방총, 즉 향기로운 풀만 즐겨 이것만을 택하듯이 우리도 이제까지 '경(境)'에만 살았기 때문에 좀처럼 그를 여의기 어렵다. 다시 말하면, 번뇌・망상과 시비・선악의 분별 대상인 '경(境)'을 탈락하기란 쉽지 않다는 것을 뜻한 말이다.

완심(頑心) : '완(頑)'자는 치・둔(痴・頓)으로 쓰인다. 아견(我見) 또는 아집으로 보면 된다. 우리들은 다른 동물보다 우월하니 만큼 고집이 세다. 이 고집을 떼기란 쉬운 일이 아니다. 고집이 센 사람을 '콘크리트 인간'이라고 부른다. '콘크리트'를 때려부수지 않고는 떨어지지 않는다. 우리가 좌선하여 오도에 들려고 하면, 고집을 부숴버려야 한다. 그래서 선(禪)을 인간 개조(改造)라는 말로 표현하기도 한다. 일단 자기라는 개성을 버려야하기 때문이다.

옛 어른들은 완심상용 야성유존(頑心尙勇 野性猶存)이라는 여덟자로 "도(道)가 높으면 마(魔)도 성한다"고 했다.

순화(純和) : '순(純)'자는 잡스럽지 않다는 자다. 그 일이 옳은 일이라고 확신하면 그것에 전념함을 뜻한다. 즉 소직(素直)하고 순수(純粹) 또는 화(和) 등의 상태로서 '심우(心牛)'와 자기가 하나가 되어 어디에 가든지 대경(對境〈상대〉)과 하나가 되는 것을 말한다.

[頌]

[원문]

竭盡精神獲得渠나 心强力壯卒難除로다.
갈 진 정 신 획 득 거   심 강 역 장 졸 난 제

有時纔到高原上이요 又入煙雲深處居로다.
유 시 재 도 고 원 상   우 입 연 운 심 처 거

[역]

온 정신을 다하여 그(소)를 얻었다 해도, 사나워서 그 야성(野性)의 힘을 제거하여 기르기 어렵다. 어느 때는 잠깐새 높은 산상에 이르는가 싶더니 또 다시 구름 깊은 속으로 들어가 숨는다.

[해설]

육해진미의 주안상이 나와도 먹으려는 의식이 일지 않고, 미인이 앞에 와도 안으려는 의식이 일어나지 않을 때 비로소 소가 손에 잡힌 것이다. 이지(理知) 분별이 있는 대로 다

(竭盡)하여 아무 것도 생각할 여지가 없고, 말할 것도 없다. 멍텅구리가 되어 버렸다. 이러한 경기라야 비로소 소를 붙잡을 수가 있다.

옛날 어른들은 좌선하여 사려(思慮) 분별이 없어져서, 서도 선 줄 모르고 걸어도 걷는 줄 모르고 그야말로 바보가 되어, 여기서 대활현전(大活現前 : 죽었다 살았다 대활약하는 것)이 되지 않아 걱정했다고 한다. 그런데 요즘 사람은 위와 같은 경지에 이르지 않아 고민한다. 무언가 머리 속에 남아 있다. 입으로서는 '무자(無字)'하고 있으나 꼬리에는 무언가 꿈틀거리고 있다. 자신을 완전히 망각 못하고 있기 때문이다. 소위 선에서 흔히 말하는 대사일번(大死一番)해야 하는데 여기까지에는 이르지 못하고 있다. 무자삼매(無字三昧)해야 하는 여기까지에는 이르지 못하고 있다. 무자삼매(無字三昧)에 이르지 못하고는 소를 붙잡을 수 없다. 자나깨나 '무자(無字)'와 하나가 되면 어느 때인가 소는 내것이 된다. 그러니까 온 정신을 탕진(蕩盡)하여 무자삼매(無字三昧)가 되어야 한다.

그러나 이 소는 원체 장사이고 야성(野性)이 강하여 도망치기를 잘한다. 따라서 그 힘을 제거하기란 용이한 일이 아니다. 그 야성의 힘을 제거하여 시키는 대로 말 잘 듣도록 기르기란 백만금 벌기보다 더 어려운 일이다.

고원(高原)이란 망상이 없는 곳, 즉 나도 없고 천지도 없는 곳이다. 백두산 같은 그야말로 정적(靜寂)한 곳이다. 가끔 이러한 경지에 이르는 때도 있다. 무자삼매(無字三昧)로 이러한 경지에서는 번뇌도 없고 보리도 없다. 실로 청정한 기분이다. 그런데 좌선에서 일어나면 그런 기분은 자기도 모르게 사라진다. 소는 어느 사이에 깊은 구름 속에 들어가 숨어 버린다. 좌선할 때에는 좋은 기분이지만 일어나서 사회생활하면 언제 그런 기분이였던가 멀리 사라지고 만다.

　주인이 하인을 보고 우물에 물을 모두 퍼내어 깨끗이 청소하라고 일렀다. 하인은 한두레박 씩 퍼내다가 허리가 아팠던지 한동안 쉬었다. 그랬더니 물이 본래대로 고였다. 그 우물이 커서 단번에 물을 다 퍼낼 수는 없다. 중간에 쉬지 않을 수 없어서 그 우물을 폐쇄하지 않을 수 없었다. 비근한 예이기는 하나 특히 좌선을 중간에서 쉬면 소는 멀리 도망친다는 점에 명심하여야 한다.

　되든 안 되든 정직하게 무자삼매(無字三昧)가 되어 일 분도 좋고 오 분도 좋다. 가령 두 시간 좌선하여 오 분간만 삼매에 들었다면 그것은 영원을 잇는(續) 오 분간이다. 이 오 분간은 영원의 부처님이다. 한 치 앉으면 한 치 부처고, 두 치 앉으면 두 치 부처라고 했다. 이 한 치 두 치가 쌓여서 육 척의 부처님이 된다.

　　갈진(竭盡) : 두 자 모두 '다한다'는 글자다. 정신을 갈진한다는 것은 차별관을 없애고 동시에 자기 전체를 망각하는 것을 말한다.

우리는 늘 이원적(二元的) 견해를 가지고 있다. 이것은 차별계에는 허용되지만 평등계에서는 용납되지 않는다.

심강력장졸란제(心强力壯卒難除) : 위에서 말한, 힘을 다하여 소를 얻었다 할지라도 이제까지의 육근육진(六根六塵)의 악습이 강하여 그것을 완전히 제거하기는 어렵다고 했다. 소를 겨우 붙잡기는 했으나 원래 무명(無明)이 두터웠던 관계로 잠시라도 태만하면 소는 멀리 도망쳐 다시 붙잡기 어렵게 된다.

유시재도고원상(有時纔到高原上) : 소를 붙잡았으므로 그 경계로 말하면 자기도 없고 세계도 없고 번뇌도 없고 보리도 없는 만리무촌초(萬里無寸草)의 자세로 높은 산봉에 이르기는 했으나, '재도(纔到)'라고 했으니, 잠깐 동안 도달했을 뿐이라고 했다. 왜냐하면 소를 붙잡은 힘이 아직 약하여 소가 뿌리치면 놓치기 쉽기 때문이다. 이 소는 늘 도망치려고 하는 습성이 있다.

우입연운처거(又入煙雲處居) : 무명·번뇌·분별의 대상에 들기 때문에 붙잡은 소를 도로 놓쳐버렸다. 즉 번뇌·망상은 꼬리에 꼬리를 물고 끊일 새 없다. 이를 힘차게 누르고 억제해야 한다. 한 번 깨쳤다고 해서 번뇌·망상이 완전히 제거되어 다시 나타나지 않는 것은 아니다. 이 소는 항상 기회를 엿보고 있다. 그래서 틈만 있으면 다시 발동한다. 그래서 선(禪)에서는 오후수행(悟後修行)이라는 말이 있다. 붙잡은 소를 놓치지 않으려고 계속 수행에

게으르지 않는다. 옛날 스님들은 깨친 후 10년, 20년 오후 수행을 거쳐 출세간(出世間)했다. 출세간이란 학인을 지도하는 것을 말한다.

〔和〕

〔원 문〕

牢把繩頭莫放渠하나 幾多毛病未曾除오
뇌 파 승 두 막 방 거   기 다 모 병 미 증 제

徐徐驀鼻牽將去해도 且要回頭識舊居로다.
서 서 맥 비 견 장 거   차 요 회 두 식 구 거

〔역〕

이 소의 고삐를 놓치지 않으려고 해도 많은 질병이 아직 다 제거되지 못하고 있다. 서서히 고삐에 끌려가도 또 머리를 돌려 옛집을 찾아가려고 한다.

〔해 설〕

이미 소를 붙잡았으니 그를 놓칠세라 고삐를 단단히 붙잡아야 한다. 소를 놓치지 않으려고 함에는 상당한 노력이 든다. 번뇌・망상의 끈은 좀처럼 끊지 못한다. 이 소의 고삐는 쉽게 끊어진다. 드디어 이 본분의 소를 얻으므로써 고통이 시작되었다. 왜냐하면 이 소를 기르기란 용이한 일이 아

니기 때문이다.

　자나 깨나 마음이 편안하지 않다. 소를 붙잡기는 했으나 그 소를 길러 자기 것을 만들어 마음대로 아직은 부리지 못하는 경지에 있기 때문이다. 붙잡기만 해서는 아무 소용도 없다는 얘기다. 돈벌이도 마찬가지다. 운이 좋아 얼마간 벌었다고 흥청망청하면 얼마 안 가 다 없어진다. 아끼고 아껴 쓰고 또 꾸준히 노력하여야 하는 것과 마찬가지다.

　우리들 몸에는 8만 4천의 털구멍이 있다고 한다. 이 털구멍 수만큼 번뇌가 있다는 것을 가리켜 모병(毛病)이라고 한다. 8만대장경이란 말도 여기서 나온 말이다. 우리들의 번뇌가 한량없이 많은 것은 사실이다. 이를 모두 제거하기란 용이한 일이 아니다. 부처님도 6년간이나 이 번뇌와 싸웠던 것이다. 그 번뇌(소)가 워낙 억세어서 코에 구멍을 뚫고 나무가지를 고리 모양으로 둥그렇게 꿰어 두는 쇠코뚜레를 '맥비'라고 한다. 위의 모병을 제거하기 위해서는, 서서히 그 쇠코뚜레를 끌어 당기지 않고 급작스레 끌면 소가 뿌리치기 쉽다. 사람들은 성급하게 깨치려고 하지만 마음대로 되지 않는다. 순숙(順熟)이란 말이 있다. 돈도 벼락치기로 번, 소위 일확천금은 오래 지니지 못하는 법이다. 피땀 흘려 노력한 돈이라야 오래 지니게 된다. 과일도 제 나무에서 익어야 제 맛이 나고 생작(生作)을 따서 익힌 과일은 제 맛이 나지 않는다.

　이 소는 꽉 붙잡지 않으면 놓치기 쉽다. 왜냐하면 이 소는 자기 고향을 무척 그리워하는 습성이 있기 때문이다. 이 말은 8만 4천의 번뇌를 다 제거한 사람이라면 몰라도 처음 소를 붙잡은 실력으로는 조금만 부주의해도 도루묵이 되기 일쑤다. 다시 말하면 일단 분별 이전의 세계에 이르기는 했지만, 잠깐 사이에 시비·선악의 망상에 다시 사로잡히게 된다는 애기다.

> **뇌파승두**(牢把繩頭) : 소 고삐를 단단히 붙잡는다는 말이다. 단단히 붙잡지 않으면 도망치니까 죽을 힘을 다하여 놓칠세라 붙잡아야 한다.
> **모병**(毛病) : 우리들 몸에는 8만 4천의 털구멍이 있다고 한다. 이 구멍 수만큼 번뇌·망상이 있다고 한다. 이렇게 번뇌·망상이 많다. 8만 4천은 좀 과장한 느낌이 없지 않으나 사실상 번뇌·망상이 많은 것은 사실이다.
> **맥비견장거**(驀鼻牽將去) : 말은 입에 재갈을 물려 부리지만 소는 원래 힘이 세므로 코에 구멍을 뚫고 나무 가지를 꿰지 않으면 안된다. 그와 마찬가지로 심성(心性)은 그보다도 더 까다롭고 힘이 더 억세어서 말의 재갈이나 소의 코뚜레에 비할 것이 아니다. 그래서 쇠코뚜레를 달아 서서히 달래가며 끌어 부리지 않으면 안된다. 급작스레 끌면 소가 뿌리친다.
> 선(禪) 수행은 서서히 해야 한다. 급작스레 깨치려고 애쓰지만 마음대로 되지 않는다. 대장간에서 쇠를 불에 달

궈서 망치로 두드려 다시 불에 넣어 달궈서는 또 두드린다. 이렇게 수없이 반복하여야 강철이 되듯이 선(禪)도 끊임없이 단련(鍛鍊)하여야 한다. 깨치는 것은 오래오래 순숙(順熟)하여야 한다.

선(禪)은 순숙을 귀히 여긴다. 소는 천천히 걸어도 천 리를 가지만 토끼는 깡충깡충 뛰어도 십 리도 못 가서 발병이 난다고 하지 않는가. 대기만성(大器晚成)이란 말을 우리는 다시 한번 음미할 필요가 있다.

구거(舊居) : 이 소는 옛날 집을 무척 그린다. 조금만 틈이 있으면 도망쳐 고향을 찾아가려는 습성이 강하다.

[又]

[원 문]

芳草連天捉得渠나 鼻頭繩索未全除로다.
방 초 연 천 착 득 거   비 두 승 삭 미 전 제

分明照見歸家路하니 綠水靑山暫寄居로다.
분 명 조 견 귀 가 로   녹 수 청 산 잠 기 거

[역]

방초(망상)가 하늘에 닿아 그를 붙잡았으나 비두(鼻頭)의 승삭(繩索)이 아직 완전히 제거되지 못했다. 분명히 살펴 돌아오니 녹수 청산에 잠시 기거한다.

[해 설]

　세상 사람들은 자식을 모두 대학에 보내고 싶은데, 대학에 갔다고 해서 모두 졸업하느냐 하면 그런 것도 아니다. 도중에서 학비가 없어서 중퇴하는 학생도 있고, 퇴학 처분당하는 학생도 있고, 또는 죽는 학생도 있어서 전원이 모두 졸업하는 것이 아니다. 그러나 졸업하고 못 하는 것은 장래 일이고, 우선 대학에 들어갔다는 것만 다행한 일로 크게 기뻐한다. 그와 같이 깨치고 안 깨침은 제이 문제로서 인연이 있어서 선(禪)의 가르침에 이르렀다는 것이 이미 기쁜 일이 아닐 수 없다. 깨치고 안 깨치는 것은 결과자연성(結果自然性)이다. 그런데 언젠가는 터지는 때가 올는지 모른다. 언젠가는 "소리(聲)로 득입(得入)"할런지도 모르므로 주야를 가리지 말고 '무자(無字)' 삼매로 지속해 보라.

　옛날 어느 수행자(修行者)가 길 가는데 뒤에서 수레에 술통을 싣고 가다가 빙판에 수레바퀴가 미끄러져 술통이 땅에 떨어지는 소리에 깨쳤다고 한다. 깨친다는 것은 이런 것이다. 기연(機緣)만 있으면 어떤 작략(作略)에도 깨친다. 그런데 머리 속이 아무 것도 없이 텅 비어야 한다. 그러니까 늘 머리 속이 비도록 단련할 일이다. 풍선은 부풀대로 부풀면 터지는 법이다. '무자(無字)'―, '무자(無字)'―해 보라. 즐거운 기분으로 앞날을 기대해 보라.

　그런데 머리를 비우려면 가부좌(跏趺坐) 틀고 아랫배에

힘을 길러야 한다. 선(禪)은 머리로 생각하여 이루어진 것이 아니고 아랫배의 힘으로 이루어진다는 것을 깊이 명심하여야 한다. 사람의 기(氣)는 아랫배에 있다. 즉 기해단전(氣海丹田)에 있다. 머리에 있는 것이 아니다.

방초는 여기서 번뇌·망상을 말한다. 이것이 하늘에 닿을 듯이 꽉 차있다. 그러나 애쓴 보람이 있어서 겨우 소를 붙잡았다.

그러나 자기 본분에 돌아갈 길은 분명히 정해졌다. 다시 말하면 인생의 행로가 정해졌다는 것이다. 우리들은 사실상 자기가 가야할 길을 정하지 못하고 번뇌·망상에서 허덕이고 있는 실정이다. 자기란 무엇이며, 더욱이 죽으면 어디로 가는 것인지 알지 못하고 갈팡질팡 하고 있는 것이 아닌가!

우리는 늘 셋집에 살고 있다. 고대광실인 자기 집이 버젓이 있지만 그 집에서 살지 못하고 셋집으로 돌아 다니는 신세여서 안타까운 노릇이 아닐 수 없다. 이미 자기 집으로 갈 길은 훤하게 정해 있으나 '청산녹수' 즉 5욕·6진의 경(境)에 머물러 갈피를 잡지 못하고 있다. 청산녹수는 차별계를 말한다. 차별적 견해로서는 자기 원래의 집이 못된다. 그래서 잠깐 머무른다고 했다.

이 소를 어떻게 하면 잘 기를까 하는 문제가 고심이 안 될 수 없다. 자나깨나 곤란하다. 소를 붙잡기는 붙잡았는데 이를 길들여 내 마음대로 부리기란 용이한 일이 아니다. 그래서 다음 단계로 넘어간다.

방초연천(芳草連天) : 방초는 여기서 번뇌·망상을 가리킨다.
이것이 하늘에 닿듯이 꽉 찼다. 그러나 애쓴 보람이 있어서 겨우 소를 붙잡았다. 붙잡고 보니 하늘과 하나의 삼매경(三昧境)이다. 그러나 아직은 소 고삐를 끌 정도는 못된다.

분명조견(分明照見) : 자기 본래의 고향에 돌아갈 길은 분명히 섰다. 즉 인생의 행로(行路)가 정해졌다는 뜻이다. 우리는 사실상 자기가 가야할 길을 정하지 못하고 방초(망상)에서 헤매는 실정이다. 즉 자기란 무엇이며, 또 죽으면 어디로 가는 건지 알지 못하고 있는 실정이다.

기거(寄居) : 셋집에서 사는 셈이다. 자기 집은 원래 정해 있건만, 그 집에서 살지 못하고 있다. 실로 안타까운 일이 아닐 수 없다. 산수(山水)란 차별계를 말한다. 차별적 견해가 남아 있는 한, 본래의 자기 집에서 기거 할 수 없게 된다. 그래서 이 차별을 말끔히 씻어 버리고 난 뒤에 비로소 원래의 내 집인 고대광실에서 두 다리를 쭉 펴고, 베개를 높이 베고 살게 된다.

5. 목우(牧牛)

소를 먹인다.

5. 목 우(牧牛)

〔序〕

〔원문〕
前思纔起하면 後念相隨하니 由覺故로 以成眞이요,
전 사 재 기　　후 념 상 수　　유 각 고　　이 성 진

在迷故로 而爲妄이라 不由境有로 唯自心生하니
재 미 고　　이 위 망　　불 유 경 유　　유 자 심 생

鼻索牢牽하여 不容擬議하라.
비 삭 뇌 견　　불 용 의 의

〔역〕
전사(前思)가 조금이라도 일면 후념(後念)이 이어(相) 따르니, 각(覺)으로 말미암아 진(眞)이 되고 미(迷)하므로써 망(忘)이 된다. 경(境)으로 말미암아 유(有)됨이 아니고 다만 자심(自心)에서 생한다. 비삭(鼻索)을 굳세게 끌어 의의(擬議)를 하지 말라.

[해 설]

전 단계에서 소를 붙잡기는 했으나, 이 소는 아직 자기 마음대로 움직이지 않는다. 그래서 길을 잘 들여 내 마음대로 하지 않아서는 안된다. 이것이 5 단계의 '목우'다. 소위 오후(悟後) 수행이다. 깨치기만 해서는 안 된다. 그것을 끊임없이 단련하여야 한다. 선은 이만하면 된다는 한정이 없다. 목숨이 다할 때까지 계속해야 한다. 선(禪)에서는 졸업이라는 말이 없다.

경(境)으로 말미암아 유(有)되는 것이 아니고, 다만 마음으로부터 나타난다.

저쪽 세계에 진실과 거짓의 둘이 있을 리가 없다. 세계를 바라보는 마음이 각(覺)이 아니면 미(迷)하므로써, 세계의 진(眞)과 망(妄)이 생긴다. 달(月)은 울지도 않고 웃지도 않는다.

자기 마음이 슬퍼서 울면, 바라보는 달도 역시 운다. 자기 마음이 웃으면, 달도 역시 웃는다. 그러니까 달 자신에는 아무 변함도 없다. 이 쪽 자신의 동태에 따를 뿐이다.

물처럼 중요한 것은 없다. '다이아몬드'나 '밍크코트'가 문제되지 않는다. 그런데 홍수가 나면 물처럼 귀찮은 것이 없다. 물 자체에는 악도 없고 선도 없지만 우리들의 마음 여하에 따라 악도 되고 선도 된다.

어디에 진리가 있을까? 온 세계를 뒤적거려 봐도 세계에는 진실이 없다. 내 마음에서 나타난다. 보는 마음이 진실이라면 세계가 모두 진실이다. 보는 마음이 거짓이라면 바라보는 세계가 거짓으로 보인다.

자기가 늘 진실로 있기 위해서는 '염(念)'을 버리는 일이다.

무념무상(無念無想)이라는 경지, 무심(無心)이라는 경지가 진실한 인간의 상태다. 거울과 같은 마음이 진실한 자태다. 거울과 같이 본래무일물(本來無一物)이라는 것이 우리들 본래의 본성이다.

위와 같은 경지의 사람에게 접촉되면 접촉된 사람이 모두 구원을 받는다. 가만히 있으면서 아무 말도 안 해도, 자기 마음이 무심하면 접촉되는 사람이 모두 '무심(無心)'을 체득한다. 선(禪)이 사람을 구한다는 것이 이러한 점이다.

한 사람이 견성하면 그에 접촉되는 사람이 모두 깨친다. 이것이 '중생제도'라는 것이다. 자기만 깨치면 그만이라는 태도를 버리고, 남도 깨치도록 인도하는 것이 '보살행'이라는 것이다. 깨치지 못한 사람은 남을 지도 못한다. 왜냐하면 선(禪)은 일반 학문과 달라서, 소위 진리를 다루는 입장에 서기 때문에 잘못 지도하거나 그릇되게 지도하면, 그 사람은 일평생 진리에 접촉 못하는 딱한 처지에서 허덕이기 때문이다. 그래서 옛날 조실 스님들의 말이 "그릇되게 지도하면 지옥에 떨어지는 것이 화살보다 더 빠르다"고 경고했다.

고삐를 힘차게 끌어 주저하지 말라.

　소의 고삐를 단단히 붙잡아 그 잡은 정념(正念)을 놓치지 않도록 유념해야 한다. 의의(擬議)는 주저(躊躇)라는 말이다. 의심한다는 뜻도 된다. 소를 붙잡았으니 의심할 것도 없고 분별을 가질 여지가 없다. '염념무심(念念無心)'이다. 이 길을 한 길로 밟아 나가면 된다. 샛길에 들 염려도 없다. 이러한 입장을 지속해 나가면 정념상속(正念相續)의 경계에 이르게 되는데, 이것이 소를 길러(牧) 나가는 모습이다.
　옛날 뇌찬이란 고명한 스님이 있었다. 토굴에 들어가 성태장양(聖胎長養) 즉 오후수행을 하고 있었다. 왕이 궁정에 나와 설법해 달라고 칙사를 보냈다. 칙사가 토굴로 뇌찬 스님을 찾아가니, 뇌찬 스님은 소똥을 모아 불 피워 놓고 감자를 굽고 있었다.
　칙사가 가도 쳐다보지도 않았다. 칙사가 말문을 열었다.
　"스님, 폐하가 부르십니다. 어디서 무엇 때문에 왔느냐는 말씀 한 마디쯤 있음직한데요?"
　이래도 뇌찬 스님은 모른 척만 하고 있다. 콧물을 흘리며 감자를 뒤적거리고만 있었다. 칙사가 보기에 민망해서
　"스님, 콧물이나 닦으십시오"
　하니 스님의 말이
　"나는 이렇게 정념공부(正念工夫 : 감자 굽기와 하나가

된다는 말) 하고 있다. 그대와 같은 속한 (俗漢)이 왔다고 해서 콧물을 닦을 겨를이 없다"
고 끝끝내 왕의 청에 응하지 않았다고 한다.

 이것이 오후수행이다. 깨치기만 하면 그만이라고 생각하는 것은 잘못이다. 깨친 자리를 놓칠세라 오후수행에 노력해야 한다.

 선(禪)은 견성이 목적이다. 그런데 견성했다고 해서 버려두면 도루묵이 되고 만다. 모처럼 얻은 소를 잘 길들여 일상생활에 활용하지 않아서는 안된다.

 기독교에서는 목사(牧師)라고 하는데 이는 양을 기른다는 말이다. 선(禪)에서는 남에게 길리우는 양이 아니고, 자기 자신이 자기의 소를 기른다.

 전사(前思)가 조금이라도 일면 후념이 뒤따른다.

 한 마음이 일면 다음 다음 마음이 일어난다. 좌선하면 누구든지 체험하는 일이지만, 한 생각이 없어지는 듯 하더니 다음 생각이 이어져 일어난다. 사람은 의식적 동물이라서 생각이 일어나는 것은 당연한 일이지만 그 중에는 한 푼의 가치도 없는 생각이 일어나는 데에는 몸살이 날 정도로 괴롭다. 이는 정신의 낭비다. 특히 낭비를 많이 하는 사람이 있다. 이런 사람을 '노이로제' 환자라고 한다. 우리는 가능한 한 정신의 낭비를 절약하여 건전한 인격의 소유자가 되고 싶다. 그래야 가정의 원만으로부터 사회의 평화가 이루어진다.

각(覺)에 말미암아서 진(眞)이 되고 미(迷)함으로서 망(妄)이 된다.

망상을 쳐부수면 이때 각(覺〈깨침〉)이라는 세계가 나타난다. 이 각(覺)의 세계에서 사물을 대하면 모두가 진실이 아님이 없다. 나와 사물이 하나가 되기 때문이다.

세상 사람들은 진실에 접하고 있는 듯이 알고 있지만 사실은 망상의 허수아비를 바라보는 경우가 대부분이다. 머리 속에 망상이 꽉 차 있으므로 보이는 세계가 모두 '망(妄)'으로 보인다.

목우는 소를 먹인다는 말이다. 일단 붙잡았으면 먹여야 할 것이다. 만약 먹이지 않으면 소는 굶어 죽을 것이니 부지런히 먹여 영양을 취하여 살찌게 해야 함은 두말할 것도 없다. 바꾸어 말하면, 일상생활 중 순일무잡(純一無雜)하여 조금도 때묻지 않도록 단련해야 한다. 이렇게 하려면 동중지(動中之) 공부에 게으르지 않아야 한다는 이야기다. 동중지 공부란 깨친 그 자리에 머물지 않고 일상생활에 활용하는 것을 뜻한다. 깨친 자리란 일단 사물을 하나로 뭉친 것을 말한다. 뭉치는 것이 제일의적(第一義的) 이지만, 거기에 그치면 본래의 선지(禪旨)와는 어긋난다. 왜냐하면 평등체에 국한되기 때문이다. 선은 평등이면서도 차별이라야 하기 때문이다. 그러니까 일상생활은 차별이다. 그렇다고 해서 차별에만 치우쳐서도 안 된다. 우리들의 일거일동이 차별이지만, 그와 한 몸이 될 때 평등이 된다. 이 관계를 반야심경에서 "색(色)이 즉 공(空)이고 공(空)이 즉 색(色)이라"고 했다.

위에서 전사(前思)란 외경(外境)에 접촉되어 식별하는 생각을 말한다. 가부좌 틀고 눈을 살며시 감고 아랫배에 힘을 담뿍 주고 앉아서 주어진 화두를 염(念)할 때, 밖에서 새 소리나 자동차 소리가 들리는 것을 말한다. 화두에 열중하면 외계의 소리가 들리지 않지만, 잠깐이라도 방념(放念)할 때 일어나는 일념(一念)이다.

후념(後念)은 전사에 이어서 일어나는 취사분별(取思分別)을 말한다. 전사에서 새 소리가 들리면, 그대로 받아들여 그 소리와 하나가 되면 문제는 다르지만, 새 소리가 방해된다느니 귀찮다느니 하는 등의 분별심을 일으키는 것을 말한다. 이를 심병(心病)이라고 한다.

각(覺)은 깨침・견성 등으로 풀이된다. 즉 전사를 깨달아 그 집착을 끊어버리고 본심에 되돌아가는 것으로 알면 된다. 또 경(境)은 인식의 대상인 현상계를 말한다. 즉 색・유(色有)의 차별계를 가리킨다.

그래서 경(境)에만 집착하면 '망(妄)'이 된다. 경은 원래는 사물을 하나로 뭉치기로 되어 있는데, 이것이 차별로 전개되는 것은 자기 자신의 탓이라고 못박았다. 그리고 '비삭'은 소의 코를 꿴 고삐를 말한다. 이를 단단히 끌어야지 그렇지 않으면 놓친다.

　의의란, '의(擬)'자는 헤아려 기다린다는 뜻 '의(議)'자는 말한다는 뜻이다. 그래서 의의는 말하려고 하나 말할 수 없다는 것을 의미한다. 위에서 차별이니 평등이니 하는 것이 사실상 선지에 어긋난다. 왜냐하면 선지는 말로 이치를 캐지 못하기 때문이다. 그러니까 '불용의의(不容擬議)'로 괜히 소용없는 분별심을 일으키지 말고 한 마음으로 곧장 나가라고 했다.

목우(牧牛) : 자성을 알고 진리를 깨침은 가능하다 할지라도 그 자성 진리가 일상생활에 적응되기 위해서는 끊임없이 목양(牧養〈먹이고 기르는 일〉)해야 한다. 만약 그를 먹이지 않으면 굶어 죽으니 잘 먹여 살찌게 해야 함은 두말할 것도 없다. 바꾸어 말하면 일상생활 중 순일무잡(純一無雜)하게 때묻지 않도록 단련시켜야 한다.

전사(前思) : 외경(外境)에 접촉될 때 새 소리나 죽비치는 소리, 자동차 소리가 들리는 때를 말한다.

후렴(後念) : 위의 전사에 이어 자동차 소리가 시끄럽다느니 새소리가 귀찮다느니 하는 것을 말한다.

각(覺) : 인식의 대상인 현상계를 말한다. 색·유(色有) 차별계를 가리킨다. 따라서 경에만 집착하면 '망(妄)'이 된다.

오계의 현상계가 자기 자신으로부터 생긴다고 한다. 원래는 사물을 하나로 뭉치게 되어 있으나 이것이 차별로 전개되는 것은 자기 자신의 탓이라고 못박았다.

비삭(鼻索) : 소의 코를 꿴 고삐. 이를 단단히 붙잡지 않으면 놓친다.

의의(擬議) : '의(擬)'자는 헤아려 기다린다는 뜻이고, '의(議)'자는 말한다는 뜻의 글자다. 그래서 의의는 말하려 하나 말할 수 없다는 뜻이 된다. 위에서 차별이니 평등이니 하는 것이 선지를 말한 것이 되지 못한다. 왜냐하면 선지는 말로 이치를 캘 성질의 것이 아니기 때문이다.

불용의의(不容擬議) : 괜히 소용없는 분별심을 일으키지 말고, 한 마음으로 곧장 나가라는 말로 풀이된다.

[頌]

[원 문]

鞭索時時不離身은 恐伊縱步入埃塵이로다.
편 삭 시 시 불 리 신　　공 이 종 보 입 애 진

相將牧得純和也면 羈鎖無拘自逐人하리라.
상 장 목 득 순 화 야　　기 쇄 무 구 자 축 인

[역]

　　편삭을 잠시도 가하여 몸에서 여의지 않는 것은 그가 한 걸음 한 걸음 진애 속에 들어가는 것이 두렵기 때문이다. 그러나 끌어내어 목득하면 순화되어 기쇄에 구애함이 없어도 스스로 축인(逐人)하리라.

[해 설]

편삭을 잠시도 몸에서 여의지 않는다.

한 손에 고삐를 든든히 쥐고, 또 한 손에 채찍을 쥐고 한시라도 이 소를 놓치지 않도록 주의 해야 한다. 잠시라도 틈만 있으면 이 소는 쓰레기나 먼지 속에 숨어 버린다. 방념(放念)하면 이 염(念)이 다음 염(念)을 일으킨다. 부주의하면 이 소는 멀리 도망친다. 그래서 고삐와 채찍을 꽉 잡고 있지 않으면 안된다. 붙잡아 길들이면 순화된다.

단단히 고삐를 쥐고 길러 가노라면, '화두'라는 고삐를 붙잡고 고칙(古則〈화두와 같음〉)이라는 채찍으로 엉덩이를 두들겨 길들이면 차츰 따라오게 된다. 소는 솔직하고 부드러워져서 말을 잘 듣게 된다. 이에 소는 얌전하게 되어 도망치지 않게 되었다. 길이 들지 않았을 때에는 발로 차기도 하고, 뿔로 받기도 하지만 지금은 그러한 사나운 짓을 하지 않는다. 앉으나 서나 소 즉 불성이 자각된다.

이렇게 소가 얌전하게 따라오면 고삐나 채찍이 없어도 잘 따른다. 그리고 시키는 대로 말을 잘 듣는다. 화두를 잊어버려도 언제든지 무심하게 된다. 여기까지 소를 길들이지 않으면 안된다. 이 깨침을 잃지 않도록, 불성을 잃지 않도록,

본래의 면목을 잃지 않도록, 소를 잘 길들이지 않으면 안된다.

《임제록(臨齊錄)》에 "일어난 염(念)은 뒤를 잇지 말라. 일어난대로 가만히 두어라. 염(念)이 일어나지 않으면 일으켜서는 안 된다. 생각할 필요도 없다"고 쓰여 있다.

잡념이 일어나면 이를 급작스레 버리지 말고 서서히 처리하는 것이 좋다. 소를 놓치지 말아야 한다. 한 눈을 팔면 이 소는 어느새 쓰레기 속에 숨어버린다. 잠시라도 부주의하면 안 된다.

채찍과 고삐를 꽉 주고 있어야 한다.

이렇게 고삐를 단단히 잡고, 채찍으로 엉덩이를 두들겨 키워 나가면 얌전해진다. 소는 솔직하고 부드러워져서 시키는 대로 말을 잘 듣게 된다. 그러니까 지금은 얌전해져서 어디에도 도망치지 않게 되었다. 서나 앉으나 여기서 불성이 자각된다.

이렇게 소가 말을 잘 들으면, 채찍이나 고삐가 없어도 자기 뒤를 졸졸 따르게 된다. 주어진 화두를 잊어도 무심(無心)하게 된다. 아무것도 생각지 않게 된다. 여기까지 소를 키우지 않으면 안된다. 그래서 이 견성(見性)을 놓치지 않도록, 불성을 잃지 않도록 소를 길러야 한다.

일단 소를 붙잡는 힘이 있다 하더라도 우리들의 생활은 복잡다단하므로 늘 편삭(鞭索)을 가하지 않으면 안된다. 한 번 깨쳤다고 방심하면 멀리 도망친다.

이(伊)는 그대, 여기서 소를 가리키며, 그 소란 깨친 자리 즉 진리를 말한다. 잠시라도 게을리 하면, 다시 쓰레기통에 빠지게 되므로 두렵기만 하다.

상장목득(相將牧得) : 상장은 소 고삐를 끌어 당긴다는 말이다. 시골 아이들이 소 고삐를 쥐고 풀을 뜯기는데, 소가 콩잎이나 팥잎을 즐겨 먹으려고 할 때 고삐를 끌어 당겨야 한다. 그러니까 잘 길렀다고 방심하면 안 된다는 것을 뜻한다.

기쇄(羈鎖) : '기(羈)'자는 소잡이 밧줄, '쇄(鎖)'는 쇠사슬. 여기서는 소 고삐를 말한다.

무구(無拘) : 관계없다는 뜻이다. 즉 차별계에 들어가 그와 하나가 되면 순화(純和)되어진다. 순화되어지면 소 고삐를 잡건 말건 말을 잘 듣는다는 것이다.

자축인(自逐人) : 소가 말을 잘 들으니 소와 자기가 하나 즉 '인우일여(人牛一如)'다. 여기서는 소를 사물(事物)로 본다. 다시 말하면 사물과 하나가 되어 사물도 없고 자신도 없을 때, 사람을 따르는 것이 된다는 얘기다. 사물과 하나라는 말은, 타자 치는 사람이 그와 일체가 되어 자신을 망각하고 타자기도 없어진 때를 말한다. 사실상 우리는 일상 생활에서 언제든지 이러한 경지에 서게 된다. 그러나 그를 자신이 알지 못하고 있을 따름이다.

선(禪)은 사물과 하나가 되는 훈련이다. 선(禪)의 목적이 여기 있다면 우리들의 일상 생활이 어느 하나 선(禪)의 입장이 아닌 것이 없다.

〔和〕

〔원 문〕

甘分山林寄此身하니　有時亦踏馬蹄塵이로다.
감 분 산 림 기 차 신　　유 시 역 답 마 제 진

不曾犯著人苗稼나　來往空勞背上人이로다.
부 증 범 착 인 묘 가　　내 왕 공 로 배 상 인

〔역〕

산림을 즐겨 이 몸을 기탁하고 어느 때는 또 속진(俗塵)의 거리를 밟는다. 그러나 일찍이 농작물(논에 들어가서)을 마구 밟은 일 없고 오고 감에 탈없이 등위에 주인을 모셨다.

〔해 설〕

잘못하면 미(迷)하게 되는 마음의 소도 위와 같이 여러 해를 두고 잘 기르면, 늘 자기를 여의지 않고 그림자와 같이 뒤를 따라온다. 사자나 호랑이 같은 맹수도 길만 잘 들이면 사람을 해치지 않는다. 그러나 이 소는 사자나 호랑이에 비할 바 아닌 맹수임을 알아 두어야 한다.

이렇게 무심한 경계를 언제든지 맛볼 수 있다는 것을 알게 된다. 따라서 즐거움을 느낀다. 이처럼 즐거운 일은 없다. 왕후귀족이나 고관대작의 자리에 앉은 것보다 더 즐겁다는 것이다. 이 즐거움을 놓치지 않고 상속(相續)하여 화두삼매에 들어야 한다.

운동 경기하는 사람은 자나 깨나 상대를 거꾸러뜨릴 궁리만 한다. 이것이 경기삼매다. 삼매란 사물과 하나가 되는 것을 뜻하며 그 일에 온 정신을 집중하여 한시도 잊어 버리지 않는 것이다.

감분(甘分) : 자기 것으로 달게 즐긴다는 말이다. 즉 깨친(소) 그것이 본래의 자기 분수인 줄 알고 타(他)를 돌보지 않는다. 자기 것인 이상 다른 것을 엿볼 여지가 없다. 개미가 단 것을 즐긴다. 한 치도 떠나지 않고 단 것의 주위를 맴도는 것과 같다. 산림(山林)은 적숙(寂肅)한 경지로 생사를 초월하므로 보리(菩提)라고 해서 구할 것도 없고, 마상이라고 해서 버릴 것도 없는 천지로, 한 장의 평등계를 말한다.

우리는 원래 평등인 무(無)에서 출발한다. 그래서 선(禪)에서는 '무자(無字)'를 가장 중요시한다.

답마제진(踏馬蹄塵) : 종로 네거리 같은 먼지와 소란 속에서 이리 구르고 저리 따라다니며 현실생활하는 것을 말한다. 다시 말하면 심한 파도를 헤치며 이리 뛰고 저리 뛰며 돈벌이 하느라고 제 정신을 차리지 못하고 있는 것을 뜻하나, 여기서는 하화중생(下化衆生)하는 것을 가리킨다. 소위 깨쳤으면 깨친 바를 남에게도 깨치도록 해야 한다. 이를 '보살행'이라고 일컬었다. 그러니까 위로는 보리(菩提〈깨침〉)를 구하고 아래로는 학인을 지도해야 한다는 얘기다.

요즘 선방(禪房)이 우후죽순격으로 난립하고 있다. 지도하는 사람은 없어도 선방만은 자꾸 생긴다. 선(禪)은 다른 학문과 달라서 잘못 지도하면 그 사람은 평생 선(禪)을 못한다. 그런데 중국의 임제 스님의 말에 "십자가두에 있어서 향배(向背)없다"고 했다.

향배란 등진다는 말로 문제시할 것 없다는 말이다. 그래서인지 종로 네거리 화신 뒤에 8층건물의 8층에 '시민선방'이 벌써 생겼다. 그러나 자동차 소음이 진동한다. 사람의 말소리가 잘 들리지 않을 정도의 그 소란스러움이란 선객으로서는 상상하기조차 어려울 정도다. 이런 곳에서 좌선한다. 내가 지도법사로 매주 목요일 오후 2시에서 4시까지 지도 하기도 했다. 물론 익숙한 사람이라면 몰라도 전부가 초보자다. 이러한 환경에서는 절대 효과를 거두지 못한다. 안 하는 것보다 나을 듯 생각하여 나가서 지도하기는 했었다.

범착(犯著) : '착'자는 상태의 지속을 나타낸다는 글자다. 묘가(苗稼)는 벼 이삭을 말한다. 《유교경》에 오근(五根) 즉 모든 선법(善法)을 생기게 하는 다섯 가지 근원을 설했다.

신(信)은 삼보를 믿는 것, 근(勤)은 부지런히 불법을 닦는 것, 염(念)은 정념을 염하는 것, 정(定)은 마음을 한 군데 집중하는 것, 혜(慧)는 진리를 향유하는 것을 설하여 오욕(五欲〈財·色·食·名·睡〉)에 들지 않도록 하라고 했다. 이 말은 소가 논에 들어가면 묘판이 결단 나므로 소 먹이는 사람은 주의해야 한다는 것을 뜻한다. 그런데 묘가를 범하지 않는다고 했다. 묘판에 들어가도 이 소는 묘판을 해치지 않는다. 그래서 여기서는 선악이 둘이 아니고, 정사(正邪)가 하나라는 경지에 이르렀으므로 어디에 가든지 자유자재로우니 소는 가는 곳마다 주인이 되고, 서는 곳마다 진리를 얻었기 때문이다. 원래 소는 미련하여 묘판에 들어가기만 하면 짓밟아 결단나지만, 이 소는 이미 지혜가 든 소이므로 묘판에 들어가더라도 삼가서 밟으니까 조금도 해치지 않는다.

공로(空勞) : 본래 헛수고했다는 말이나 여기서는 탈없다는 뜻으로 쓰였다. 소가 순화됐으므로 산중에 가든 종로 네거리에 나오든 목인(牧人 : 소에게 풀 뜯기는 사람)을 등에 태울 수 있게 되었다.

깨친 뒤에 더욱 굳히는 것이 목우다. 소위 오후수행이다. 깨친 뒤에 닦고 닦고 또 닦지 않으면 이 소는 멀리 도망치는 습성이 있으므로 주의해야 한다. 깨치기 전에는 조실 스님의 지도도 받아야 하고 강사 스님의 설법도 들어야 하지만, 깨친 뒤에는 그럴 필요가 없다. 자신이 스스로 알아서 행할 능력을 가졌기 때문이다.

잘못하면 미혹에 빠질 염려가 있는 마음의 소도 잘 키우기만 하면 언제든지 자기 곁을 떠나지 않는 그림자와 같이 따라다니게 된다. 이렇게 무심(無心)의 경지를 언제든지 맛볼 수 있다는 것을 알게 되면 지극히 즐겁다. 이보다 더 즐거운 일은 없다. 옛날 어른도 이 즐거움은 왕후 귀족의 자리와도 바꾸지 않는다고 했다. 그러길래 부처님은 왕위를 버리고 이 자리를 얻지 않았는가! 그러나 부주의하여 정념상속(正念相續)이 없고, 공안(公案) 삼매에 들지 않으면 자기 자신도 모르게 도망친다.

[又]

[원 문]

牧來純熟自通身하니 雖在塵中이나 不染塵이로다.
목래순숙자통신　　수재진중　　　불염진

弄來却得蹉跎力하면 林下相逢笑殺人하리라.
농래각득차타력　　　임하상봉소살인

[역]
잘 기르면 자연히 통신(通身)하므로 쓰레기 속에서도 오염되지 않는다. 그러나 업수이 여기면(弄來) 도리어 구렁에 빠진

다. 임하(林下〈내집〉)에서 서로 만나면 사람을 소살하리라.

[해 설]

이 단계에까지 이르면 흙탕 속에 빠져도 오염되지 않는다. 나는 나대로의 청정심을 가지고 있다. 청소년이 악부와 어울려 결국 악마굴에 빠지게 되는 것은 아직 그를 막을 만한 힘이 없기 때문이다. 그런데 이 소는 지금은 쓰레기통에 들어가도 오염되지 않는 도력(道力)을 가지고 있다.

전신이 소와 한 몸이 되고, 천지와 한 몸되어 이제는 그 소를 여의려도 여의지 못한다. 바꾸어 말하면 진중(塵中)인 5욕 6진의 사바세계에서 자유자재로 활동할 수 있다는 얘기다.

임하는 나의 집, 깨친 자리를 말한다. "인간도처유청산(人間到處有靑山)"이다. 어디로 가든 내 본분의 가산(家山) 아님이 없다. 소살이란 한 몸됨을 뜻한다.

"부처가 오면 부처를 죽이고, 조사 스님을 만나면 조사 스님을 죽인다"

는 말을 선에서는 흔히 쓴다. 이 말은 부처를 만나면 부처와 하나가 되고, 조사 스님을 만나면 조사 스님과 하나가 된다는 뜻이다.

우리들 일상생활이 모두 이 경지에서 움직이고 있다. 가령, 밥 먹을 때 그와 한 몸이 되지만 그것이 '목우(牧牛)'의 입장임을 모르는 것과 같다. 그래서 선은 일상생활의 순화라고 일컬어 왔다.

통신(通身) : 전신(全身)이라는 말과 같다. 자신이 소와 하나가 되거나 천지와 하나의 소가 되어 이제는 그 소를 여의려 해도 여의지 못한다. 그러니까 깨친 바를 일상생활에 자유자재로 활용할 수 있는 경지에 이르렀으니 어떠한 유혹에도 떨어지지 않는다. 소위 도심(道心)이 견고해졌으므로 어떠한 꼬임에도 흔들리지 않는다는 것이다.

진중(塵中) : 5욕 6진의 사바세계를 말한다. 다시금 때묻을 염려가 없으니까 5욕 6진 정도는 문제가 안 된다. 사람이 줏대 즉 주체성이 없으면 갈대와 같다고 했다. 바람부는 대로 움직이니 그 체모란 보잘 것 없는 가련한 모습이다. 인생관이 서고, 세계관이 서면 어떠한 폭풍에도 움직이지 않는다.

차타(蹉陀) : 발을 헛딛어 자빠진다는 말인데, 실의(失意)라고 보면 된다. 소를 이리 끌고 저리 끌어 달래어 자기 마음대로 부리게 되니 완전하지 못하나마 자기 힘으로 걸음마하게 되었다는 뜻이다. 바꾸어 말하면 공부가 순숙하여 겨우 내 발로 걷게 되었다는 것이다.

임하상봉소살인(林下相逢笑殺人) : '임하'는 자기 집, 즉 깨친 자리를 말한다. 소살이란 한 몸이 된다는 얘기다. '살(殺)'자는 죽인다는 자인데 여기서는 인체가 된다는 뜻이다. 우리가 사물과 접촉할 때 그 사물과 한 몸이 되는 것을 말한다. 그러니까 부처를 만나면 부처와 일체가 되고 조사 스님을 만나면 조사 스님과 하나가 되어 너 나의 차별을 두지 않는다. 그렇다고 해서 동등시하는 것은 아니다. 부처는 부처고 조실 스님은 조실 스님으로 피차간 격의없는 입장을 말한다.

우리들의 일상생활이 모두 이 경지에 놓여 있다. 그를 다만 인식 못할 뿐이다. 가령 타자치는 사람이 타자칠 때 그와 하나가 되지만, 그것이 '목우(牧牛)'의 경지임을 모르는 것과 마찬가지 얘기다. 그래서 선(禪)은 일상생활의 순화(純化)라고 일컬어 왔다.

선(禪)이 우리나라에 들어오기는 650년, 신라 진덕여왕때 법랑(法郎) 스님이 중국 4조 도신(道信) 스님의 법을 받아 온 것을 처음으로 하고, 그 뒤에 수없이 인사(人士)들이 줄을 지어 육로 혹은 해로로 중국에 들어가 중국 선(禪)을 몽땅 전해 오다시피 하여, 이로부터 선풍(禪風)이 일기 시작하여 고려 중엽까지 흥성하였다. 이 동안, 세계에 자랑할 수 있는 문화재가 조성되었고, 또하나 특기할 것은 선풍이 거세게 부는 동안 우리 민족성이 솜과 같이 보들보들했다고 문헌에 쓰여 있다. 그런데 이조에 와서 불교를 배척한 후로부터 민족성이 장작개비와 같이 뻣뻣해졌다고 한다. 이는 사실이다. 선(禪)은 닦으면 닦을수록 유연(柔軟)해진다고 한다. 유연이란 부드럽다는 말이다 자아(自我)를 망각하게 되니 유연해진다는 것은 자연스러운 일이다.

요즘 선(禪)이 붐을 일으키고 있는 감이 적지 않다. 그런데 선(禪)에 전혀 문외한들이 지도하고 있다. 선(禪)을 하나의 학문 모양으로 알고 있는 것 같다. 이는 큰 잘못이다. 선(禪)은 깨침의 교다. 그러므로 깨친 사람이 아니면 선(禪)을 지도 못한다. 그런데 깨치지도 못하고 '선(禪)'자(字) 하나 바로 이해 못하는 사람들이 어떻게 선(禪)을 지도한다고 하는지 모를 일이다. 선(禪)을 일종의 직업화하려고 하는 짓인지 도무지 이해할 수 없다. 만류하기도 어려운 일이고, 결국 부처님을 모독하는 소행으로 단정할 수밖에 없다.

6. 기우귀가(騎牛歸家)
소를 타고 집으로 돌아온다.

6. 기우귀가(騎牛歸家)

[序]

[원문]

干戈已罷에 得失還空이라. 唱樵子之村歌하고
간 과 이 파   득 실 환 공   창 초 자 지 촌 가

吹兒童之野曲하여 身橫牛上하고 目視雲霄하니
취 아 동 지 야 곡   신 횡 우 상   목 시 운 소

呼喚不回하고 捞龍不住로다.
호 환 불 회   노 롱 부 주

[역]

 간과(干戈) 이미 끝(罷)나니, 득실 또한 공이라. 초자(樵子)의 시골 노래를 부르며, 아동의 야곡을 불(吹)며, 몸을 소 등에 올려놓고 하늘(雲宵)을 쳐다보며, 불러도 돌아보지 않고 끌어내도 서지 않는다.

[해설]

잘 기른 소를 내 것으로 하여 그 소를 타고 집으로 돌아가는 단계다. 산에 들어가 소를 잘 길들였으므로 타도 뿌리치지 않고 채찍질할 필요도 없다.

부처님도 산에 들어가 수행을 하고 산에 주저앉지 않고 중생을 제도하려고 산에서 나오셨다.

제행무상(諸行無常)이다. 모든 것은 움직이고 있다. 무기물(無機物)도 움직이고 있다. 변천하고 있다. 등에 업힐 만한 것은 하나도 없다. 믿을 만한 것이라고는 하나도 없다. 그러므로 어떻게 하든 생사를 해탈해야겠다. 그래서 좌선공부 하고 생사를 해탈해서 다시 무상세계에 돌아오면 무상세계가 실상(實相)의 세계가 된다. 이렇게 움직여 가는 생활 가운데가 열반의 정토가 된다. 그래서 본래에 돌아오지 않으면 진짜가 아니다.

꽃은 붉고 버드나무는 푸르다는 것은 상식세계다. 이 상식세계를 쳐부수고 좌선공부 하면 꽃은 붉지 않고 버드나무는 푸르지 않은 세계에 들어가는데, 여기에 주저앉아서는 안된다. 여기서 꽃은 붉고 버드나무는 푸르다는 세계에 되돌아와야 진실이 된다. 천지를 쳐부수고 버드나무는 푸르고 꽃은 붉다고 철저할 수가 있게 된다. 이것이 '기우귀가(騎牛歸家)'이다.

간과 이미 끊어지고 득실 또한 공(空)하다.

마음 속에 잡념이 일어난다. 이를 일으키지 않으려고 싸운다. 마치 전쟁터같다. 그래도 끊어지지 않고 마구 일어난다. 이래서 안되겠다고 해도 일어난다. 이렇게 마음 속에서 싸움이 일어나는 것이 간과(干戈)다. 번뇌와 보리가 치고 받고 치열하게 싸우고 있다. 이는 여간한 힘으로는 중재 못한다.

좌선하면 할수록 마음이 산란하여 선악・득실・시비 등 여러 가지 망상이 머리 속에 가득 차서 송곳 넣을 틈이 없다. 그러나 소를 잘 길들이면 잡념은 없어져 번뇌와 보리의 전쟁은 끝난다.

더욱이 번뇌는 물론 보리도 없어진다. 생사도 열반도 없어진다. 전쟁한 자국이 조금도 남지 않는다. 그리고 사람도 소도 없어진다. 또 공안(公案)이나 좌선도 없어진다. 진실한 견성(법열)의 경계일 뿐이다.

머리 속의 싸움이 끝나면, 무심(無心)한 인간이 무심(無心)한 소를 타고 내 집으로 돌아간다. 무엇 하나 꺼릴 것 없고 어디로 가든지 내 집이다.

부처님께서는 깨침을 연 것으로 세계의 주인공이 되셨다. 그래서 부처님은 어디에 가든지 먹을 것과 입을 것에 곤란을 받지 않고 도리어 대환영을 받았다. 이렇게 무심한 사람이 무심한 소(법열)을 타고 내 집으로 돌아간다.

소 등에 사람 없고 사람 아래 소 없다. 이 말은 소를 타고 그 소와 한 몸이 되면 소를 탔다는 자신도 없어지려니와 소도 없다는 것을 말한다. 바꾸어 말하면 소에서 떨어지면 상하지나 않을까하는 이런 생각과는 반대다. 자기 자신이 소가 되었는데 떨어지고 상할 것이 있을 수 없다. 그러니까 깨치면(無에 들면) 무(無)라는 것도 생각하지 않는다는 얘기다.

 윗단계에서 소를 먹였으니(牧牛) 배가 잔뜩 불러서 본가로 돌아간다. 본가란 깨친 자리다. 원래 소(진리)와 사람은 한 몸이었다. 그래서 깨치고 보니 별 것이 아니고, 시계는 시계고 펜은 펜이라는 여실 세계였다.

 간과(干戈)는 전쟁한다는 말이다. 무엇과 전쟁하느냐 하면 머리 속의 잡념 망상과 싸운다. 그 수만 가지 잡념을 부숴버리려고 현대 과학의 신생 무기를 다 동원한다. 그래도 잘 안된다. 결국 원자탄을 쓰지 않을 수 없는 막다른 골목에 이르러 겨우 종전(깨침)된다. 그래서 개선장군 되어 본진에 돌아간다.

 미(迷)·오(悟)·번뇌·보리 등 차별관을 초월한 경지다. 다시 말하면, 미가 즉 오요, 번뇌 즉 보리라는 것이다. 우리는 보통 미와 오를 따로 생각하나 그러나 일단 깨치고 보면 미가 곧 오요, 오가 즉 미라는 것을 알게 된다. 사실상 이 경지에 이르러서는 '알게 된다'는 것도 인정되지 않는다. 그러니까 보는 대로 듣는 대로이며 이것이 우리들 본래의 입장이다.

시골 사람(나뭇꾼)이 소를 타고 노래 부르며 집으로 돌아가는 것을 표현했다.(樵子之村家).

깨치기 까지에는 노래 부를 여유가 없다. 5단계에서 소를 먹일 때에는 그를 먹이느라고 갖은 애를 다 쓰게 되니 노래 부를 겨를이 있을 리 없지만 이제는 먹일 대로 다 먹여 배가 잔뜩 부르니 노래가 저절로 우러나온다.

야곡은 베토벤의 교향곡 같은 것이 아니고 시골 아이들이 아무렇게나 불러대는 노래를 말한다. 소를 타고 노래 부르는 그 소리에 장단을 맞추어 조금도 거리낌 없는 자유스러운 경지를 말한 것이다. 무심한 자기가 무심한 소 등에 앉았으니 소에게 맡겨 두어도 좋다. 밭에 뛰어들 염려도 없고 쓰레기통에 주둥이를 넣을 염려도 없다. 소에게 맡긴 채 눈을 떠 보니 눈에 들어오는 것은 아무 것도 없다. 다만 한없는 대공(大空)뿐이다. 청공(靑空)을 바라보는 것 뿐으로 다른 것은 아무 것도 보이지 않는다. 보이는 것이 없으므로 일어나는 잡념도 없다. 실로 유쾌하다. 인생의 종점에 도달한 경지이다.

소를 타고 하늘을 쳐다보니 천하에는 아무 것도 구할 것이 없다.

돈도 필요 없고 고관대작도 필요없다. 천하가 모두 내 것인 이상 무엇이 필요할 것인가! 소 등에 앉아, 천하를 두루 살피니 내 것이 아닌 것이 없다. 그러니까 구하지 않아도 주어진다. 이러한 경지가 '기우귀가(騎牛歸家)'다.

불러도 돌아보지 않고 곧장 간다.

다시 말하면 분별 세계에서 머물게 하려 해도, 번뇌·망상의 세계에서 붙잡아도 뿌리치고 뒤도 돌아보지 않는다. 그렇다고 해서 절대평등이니 무차별이니 무일물이니 그런 데도 속박되지 않는다. 더우기 번뇌·망상이 다시 일지 않는다. 번뇌·망상이 제 아무리 마성(魔性)을 가졌다 하더라도 여기에 이른 사람에게는 맥을 추지 못한다. 마력을 뻗치려 해도 여유를 주지 않는다. 번뇌·망상은 수행이 미숙한 사람만을 범하고 완숙한 사람은 범하지 못한다.

'노(撈)'는 고기를 뜬다는 글자고 '용(籠)'은 광주리로 고기를 잡는다는 글자다. 그러니까 '노롱' 즉 그물을 던져도 그 그물에 걸리지 않고 총총히 내 집에 돌아간다. 소위 차별계에도 머물지 않고, 평등 세계에도 머물지 않고, 번뇌의 세계에도 머물지 않고, 깨침의 세계에도 머물지 않는다. 어떤 데도 거리낌없이 대자재(大自在)를 얻는 경지다. 이러한 경지가 소를 탄 때다.

소를 탄 단계에 이르면 일상생활에 있어서 하등 부자유함이 없다. 소위 '일일시호일(日日是好日)'이다.

　소를 타고 집에 돌아가는 단계에 이르면 향상(向上)의 세계 또는 절대경에만 어물쩍거리지 않고, 일상생활에 그것(소 : 心性)을 활용해야 한다. 공(空)에만 주저앉으면 이는 죽은 선이 된다.

　이것을 짝다리 선이라고 해서 선가에서는 극히 꺼린다. 소위 '상구보리 하화중생(上求菩提 下化衆生)'의 활동을 말한다. 서산대사도《선가귀감(禪家龜鑑)》에서

"활선(活禪)을 해야 말이지 사선(死禪)을 해서는 무엇에 써먹겠느냐！"

고 일침을 놓고 있다.

　활용이란 일상생활에 활용하고 응용하는 것을 뜻하는데, 소위 사물과 하나가 되는 것이다. 우리는 사물과 자기가 늘 둘이 되고 있다. 예를 들면 자동차 사고는 운전사의 부주의로 일어나는데, 그가 자동차와 하나가 되지 못했기 때문이다. 모든 정신을 자동차에 집중하면 사고를 일으키지 않는다. 그래서 선(禪)은 사물과 일체되는 훈련이라고 한다.

기우귀가(騎牛歸家) : 윗단계에서 소를 먹였으니 본가로 돌아간다. 본가란 본각(本覺)의 자리다. 결국 깨치고 보니 별것이 아니고 책상은 책상이고, 펜은 펜이고 시계는 시계라는 여실 세계였다. 깨치면 딴 세계가 전개되는 줄로만 알았는데 그런 것이 아니었다.

간과(干戈) : 무기를 들고 전쟁하는 것을 말하는데 여기서는 마음 속의 적(번뇌·망상)과 싸운다. 즉 잡념을 끊으려고 싸운다는 뜻이다.

득실(得失) : 미(迷)·오(悟) 또는 번뇌·보리 등 차별계를 말한다. 그런데 선(禪)의 입장에서는 득(得)이나 실(失)이니 하는 것을 인정하지 않는다. 득이 곧 실이고 실이 곧 득이다. 그러니까 득실을 초월하지 않으면 안된다.

운소(雲宵) : 소를 타고 하늘을 쳐다보며 노래부르는 경지야말로 삼세제불을 한 입에 삼키는 기분이 아닐 수 없다. "한 입에 강서수(江西水)를 다 삼켜 버린다"는 말이 있다. 강서수는 양자강을 말한다. 우리 한강보다 몇십 배나 더 큰 양자강 물을 어떻게 한 입에 삼킬 수 있을까? 가능하다. 그렇다고 해서 무슨 술수나 신통력을 부려서 가능하다는 말이 아니고 다만 언구에 구애되지 않으면 가능하다는 말이다. 오해없도록 하라.

호환불회(呼喚不回) : 윗단계의 경지에 이르면 번뇌·망상이 다시 일지 않는다. 번뇌·망상이 제 아무리 마성(魔性)이 강하다 하더라도 이 경지에 이른 사람에게는 맥을 추지 못한다. 도리어 겁을 먹고 천만 리 도망친다. 마성은 수행이 미숙한 사람만 골라서 침범하는 특성을 가지고 있다. 이를 쫓으려면 역시 도력을 강하게 하면 된다.

노롱(拷籠) : 평등체에도 머무르지 않는다. 향상(向上) 세계 즉 평등체에 주저앉기만 하는 것이 아니라, 사바세계 즉 일상생활에 그것을 활용하는 것을 뜻한다.

선가(禪家)에서 '반시운수(搬柴運水)라는 말이 있다. 이 말은 나무하고 물 긷는다는 말이나, 이에 한하지 않는다. 야채도 가꾸고, 청소도 하고, 밥도 짓고, 무슨 일이든지 닥치는 대로 다 한다. 수행한답시고 좌포 위에서 꾸벅꾸벅 졸기만 하는 것이 아니다. 운력(運力) 가운데 생생한 법력(法力)이 약동한다.

[頌]

[원 문]

騎牛迤邐欲還家하니 羌笛聲聲送晚霞로다.
기 우 이 리 욕 환 가　　강 적 성 성 송 만 하

一拍一歌無限意를 知音何必鼓脣牙리오
일 박 일 가 무 한 의　　지 음 하 필 고 진 아

[역]

소를 타고 유유히 집으로 돌아가려고 하니 강적의 소리 만하를 보낸다. 일박 일가의 한없는 뜻을, 지음(知音)끼리 어찌 반드시 진아(脣牙)를 고(鼓)하리요.

[해 설]

이리(迤邐)는 소를 타고 혼들거리며 유유히 자적(自適)한

태도를 말한다. 이제는 깨치려는 마음도 없으려니와 번뇌를 버려야 할 염려도 없다. 모든 생각을 버리고, 이 세상에는 귀한 것도 없고 미운 것도 없다. 언제든지 무심한 마음으로 어떤 사람을 대해도 친절감을 느끼게 된다. 이러한 기분으로 소에게 맡겨 가면 어디로 가도 내 집이다. 다시 말하면 내 집이니 네 집이니 하는 구별은 이미 없어지고, 소 가는 데마다 내 집이다. 즉 도처에 내 집이 아닌 곳이 없다.

'이(迤)'자는 옆으로 뻗는다는 글자고, '리(邐)'자는 잇는다(連)는 글자다. 그러니까 '이리'는 곁에 붙여 끌고 간다는 말로 풀이되는데, 여기서는 소를 완전히 자기 것으로 만들어 본래의 집으로 돌아간다는 것을 뜻한 것이다.

소 등에 걸터앉아 기분에 맡겨 젓대(橫笛)을 불며 집으로 돌아간다. 석양(夕陽)의 노을이 주위의 산을 덮어 아름답게 하늘에 반사하고 있다. 그 아름다움은 번뇌나 보리도 필요 없고, 생사나 열반도 필요하지 않다.

'강적(羌適)'은 중국 서쪽에 사는 오랑캐가 부는 젓대를 말하는데, 홍에 겨워 곡조도 없이 마음내키는 대로 실컷 불어댄다는 뜻이다. 베토벤의 교향곡을 부를 겨를이 있을 리가 없다. '홍홍' 하는 콧소리만으로도 홍겹기만 하다

스스로 노래 부르며 박수 친다. 실로 명랑한 기분이다. 마음이 명랑한 기분이면 노래는 입에서 저절로 흘러나오리라.

지음(知音) : 중국 《열자(列子)》 의 《탁문편》 에 백아(伯

牙)라는 가야금의 명수가 있었는데, 그의 곡조를 알아듣는 사람은 친구인 종자기(鐘子期) 한 사람뿐이었다. 그런데 종자기가 죽었다. 그러니 그의 곡조를 알아듣는 사람이 없어서 가야금을 부수어 버렸다는 고사에서 온 말이다.

깨친 사람이라면 소 잔등에서 흥얼거리는 노래를 이해할 수 있어도 그렇지 않은 사람은 정신빠진 사람으로밖에 보지 않을 것이다. 그러니까 깨친 사람 사이에는 입술을 놀려 이러쿵저러쿵 말을 안 해도 눈짓으로도 통할 수 있고, 손짓으로도 통할 수 있고, 몸짓으로도 통할 수 있다. 일일이 꼬집어서 설명할 필요가 없다.

고진아(鼓唇牙)는 입술과 이로써 말한다는 뜻인데, 음악은 성대에서 나와야 할 터인데 이와 입술에서 나오니 노래라고 해도 하잘 것 없는 노래다. 그러나 서툴게 흥얼거리는 소리가 보통 노래가 아니라는 것을 알아야 한다.

만하(晩霞) : 저녁노을은 '생불일여(生佛一如)'의 경지를 말한다. 저녁노을은 아무도 거절하지 않고 그대로 받아들인다. 그야말로 표리가 없다. 부처가 아닐 수 없다.

우리가 깨치면 노을과 같이 어떤 데도 구애받지 않는다. 주체가 서 있기 때문이다. 주체란 인생관이 확고부동하게 서 있는 사람을 말한다. 이 인생관이 서지 못한 사람은 무슨 일에든지 바른 길을 택하지 못하는 약점이 있으므로 한 길로만 나간다. 인생살이에는 천 가지 만 가지

길이 갈라져 있다. 그 중에서 자기에게 계합(契合)되는 길은 하나뿐이다. 그런데 그 하나인 길을 택하지 못한다. 다시 말하면 인생의 행로(行路)인 그 사람이 갈 길은 하나인데 이를 잡지 못하고 다른 길로만 나간다. 그러니까 여기서 착오가 생긴다. 착오가 생긴다는 것은 그 사람의 신세를 망친다는 말이 된다.

〔和〕

〔원문〕

指點前坡卽是家라 旋吹桐角出煙霞로다
지 점 전 파 즉 시 가 　선 취 동 각 출 연 하

忽然變作還鄕曲이나 未必知音하고 肯伯牙리오.
홀 연 변 작 환 향 곡 　　미 필 지 음 　　긍 백 아

〔역〕

전파(前坡)를 지점(指點)하면 즉 이것이 집이다. 요란(擾)스럽게 동각을 불며 연하(煙霞)에서 나온다. 홀연히 변하여 환가의 곡이 되나 반드시 지음(知音)은 백아를 긍(肯)치 못하리오.

〔해설〕

눈 앞에 보이는 세계가 모두 내 집이다. 다시 말하면 깨

치고 보니 모두 부처의 자리다. 부처의 자리란 〈진리〉를 말한다. 꽃은 붉고 버드나무는 푸른 것, 즉 자연 그대로가 불법의 당체라는 것을 말한 것이다. 깨치면 별 수나 있을 듯이 생각했으나 깨치고 보니 그 놈이 그 놈이란 말이다.

요란스럽게 동각을 불어댄다. 깨치고 보니 마냥 기쁘기만 하다. 옛날 중국의 향엄 스님은 여러 해 동안 좌선 공부를 했으나 도무지 깨치지 못했다. 그래서 '나는 아마 불연이 없나 보다' 생각하고 충국사 묘 옆에 초당을 짓고 오가는 수행자들의 시중이나 들고 있었는데 하루는 쓰레기를 모아 대밭에 버릴 때 돌자갈이 대에 부딪치는 소리에 깨쳤다고 한다.

그러니까 향엄 스님은 그 총당에 언제든지 머물러 있을 필요가 없다. 즉 귀가하지 않으면 안된다. 이는 선(禪)에서 "우리로는 보리(깨침)를 구하고 아래로는 중생을 제도한다"는 말이다. 깨친 자리에 주저앉으면 무의미하다는 말이다. 종로 네거리에 나와 중생과 호흡을 같이 해야 한다.

요란스럽게 호각을 불며 산중에서 명동 거리로 나온다. 수행이 다 끝났으니 여기 앉아 있을 것이 아니라 거리로 나와 중생을 제도해야 할 것이다. 그런데 수행이 완전히 끝나지 않고 거리에 뛰쳐나오면 세속 때가 다시 묻기 쉽지만, 이 단계는 확고부동하게 굳었으니 그러한 염려는 조금도 없다.

동각(棟角)은 오동나무로 만든 호각을 말한다. 옛날 군대에서 군사가 졸 때 그 졸음을 깨우려고 불었다고 한다.

환향곡은 자기 본분의 자리에 앉는다는 말이다. 즉 깨친 자리다. 5욕 6진 속에서 소의 걸음은 한 발짝 한 발짝씩 뚜벅뚜벅 하는 소리가 음악의 곡조와 같다고 한 말이다.

어떠한 지음(知音)도 이 미묘의 풍운(風韻) 즉 귀향의 곡을 이해 못한다.

지점(指點) : 손가락질하는 것. '지점전파즉시가(指點前坡卽是家)'란 눈 앞에 보이는 세계가 모두 내 집이다. 스님은 원래 자기 집이 없다. 절도 일정한 자기 절이 없다. 어느 절 하나 빼놓지 않고 전부가 내 절이므로 결국 내 절이 없다고 한 것이다. 소위 '운수(雲水)'라고 한다. 구름같고 물과 같아서 한 절에 오래 머물지 않는다는 것이다. 왜냐하면 자기 법력을 굳히기 위하여 선지식을 찾아다니기 때문이다.

선(旋) : 주선이라는 글자인데 여기서는 요랍스럽다는 말로 쓰인다. 무엇이 요란스러우냐 하면 오동나무로 만든 호각을 말한다.

출연하(出煙霞) : 산중에서 나와 종로 네거리를 활보한다는 말이다.

요란스럽게 동각을 불며 산중에서 거리로 나온다. 수행이 다 끝났으니 산중에 언제든지 우두커니 앉아 있을 필요가 없다. 거리로 나와 중생을 제도해야 할 것이다. 즉 위로 보리를 얻었으니 아래로 중생을 제도해야 한다. 이는 선(禪)의 철칙이다.

수행이 다 끝나지 않고 거리에 나오면 세속 때가 다시 묻기 쉽다. 그러나 확고부동하게 굳었으니 그러한 염려가 조금도 없다.

환향곡(還鄕曲) : 자기 본분의 자리에 앉는다는 말이다. 5욕 6진 속에서 소의 걸음은 한 발짝 한 발짝 음악의 곡조와 같다고 한 말이다. 우리가 TV를 보면 젊은 아가씨들의 구두 발자국 소리가 마치 음악 소리와도 같이 들리는 때가 있다.

미필지음긍백아(未必知音肯伯牙) : 어떠한 지음도 이 미묘의 풍운(風韻)인 귀향곡을 들어 분간하지 못한다는 말이다. 다시 말하면 깨친 그 자리는 깨친 사람이 아니고는 서로 이해 못 한다는 것을 말한 것이다.

깨친 사람끼리는 말도 필요없고 글자도 필요없고, 눈과 눈으로 서로 통한다고 한다. 손가락 하나 움직여도 무엇 때문에 움직이는 것인가를 알 수가 있다고 한다.

"충국사가 세 번 부르니 시자가 세 번 대답했다. 국사의 말이, 부른 내가 너에게 그르쳤지만 원래 도리어 대답한 네가 나에게 그르쳤구나"라는 화두가 있다. 시자란 본래의 시자가 아닌데 대답했기 때문이다. 그러니까 대답할 필요가 없이 국사가 부른 그 의도를 재빨리 알아차려 응해야 한다. 대답만 하고 있어서는 아무 의의도 없다. 우리들의 일상생활이 원활하려면 사장이 부를 때 그 의도를 재빨리 알아내야 한다. 우물쭈물 "무엇을 하라고 부르십니까?" 하는 정도에서는 사무가 원활하게 진행되지 않는다.

〔又〕

〔원 문〕

倒騎得得自歸家하니 籉笠簑衣帶晚霞로다.
도 기 득 득 자 귀 가   약 립 사 의 대 만 하

步步淸風行處穩하니 不將寸艸掛唇牙로다.
보 보 청 풍 행 처 온   부 장 촌 초 괘 진 아

〔역〕

거꾸로 타고 의기양양하게 집으로 돌아온다. 삿갓 쓰고 우장을 두르고 안개처럼 가는 데마다 청풍이 이니, 자신만만한 그 소식은 언설(言設)로 표현할 수 없다.

〔해 설〕

소도 무심하면 타고 있는 나 역시 무심하다. 푸른 하늘도 무심하면 구름도 무심하다. 이렇게 되면 보이는 것 들리는 것 모두가 무심하다. 지구도 무심하고 태양도 무심하다. 전 우주가 모두 무심하다. 일단 깨친 자리는 '무(無)'라는 말이다. 무라는 것도 없는 자리가 소라는 진리의 당체다. 무심한

마음으로 하늘을 쳐다보며 아무 거리낌 없이 내 집으로 돌아간다.

약립(箬笠)은 대 껍질로 만든 삿갓을 말한다. 사의(蓑衣)는 도랭이 풀로 만든 우장인데, 농부들이 비올 때 어깨에 두른다. 그러니까 삿갓 쓰고 우장 두르고 소를 거꾸로 타고 유유히 내 집으로 돌아가는데, 발자국마다 청풍이 온화하게 분다. 더욱이 배가 잔뜩 부른 소가 먹이를 즐기지 않듯이, 이 경지에 이르면 부처나 조사 스님 네가 무어라고 하든지 소신이 만만하다. 그러나 그 소신(깨침)은 말로 이치를 캘 수도 없고 어떤 글자로도 표현할 수 없다. 소위 언어도단·심행소멸(言語道斷 心行所滅)이다.

대만하(帶晚霞) : 아무 거리낌이 없다는 뜻이다. '하(霞)'자는 안개다. 안개는 걸리는 데가 없어 높은 나무거나 바다거나 산봉우리도 마음대로 왔다 갔다 하며 조금도 구애받는 일이 없다.

깨친 사람은 이 안개와 같이 어떠한 일에도 구애받는 일이 없다. 자고, 깨고, 먹고, 일하고 하는 것이 모두 선(禪)의 입장이기 때문에 하나도 꺼릴 것이 없다 배고프면 먹고 곤하면 잔다. 어디가 걸리는 데가 있는가! 우리는 자기자신도 모르게 사사건건에 구애받고 있다. 이 구애를 받지 않기 위하여 선(禪)이라는 가르침이 생겼다.

보보청풍(步步淸風) : 도처가 태평무사하다. 위에서 말한 안개와 같은 경계(境界)로 보면, 걸릴 데라곤 천하에 하나도 없다.

일거일동이 모두 청풍명월이다. 티끌 하나 없는 아침 이슬 방울과 같이 깨끗하고, 가을 달과 같이 맑고 밝다.

촌초괘진아(寸草掛唇牙) : 배가 잔뜩 부른 소가 먹이를 즐기지 않듯이 어떤 일에 누가 무어라고 해도 소신이 만만하다. 바람에 이리 불리고 저리 불리는 갈대와는 다르다. 사람은 줏대가 서야 한다. 남의 말에 끌려 이 사업이 좋느니, 이 장사가 유리하느니 하는 사람이 적지 않다. 이런 사람은 결국 줏대가 서지 못했기 때문에 갈팡질팡하여 남의 속임수에 빠지는 경우가 한두 가지가 아니다. 사람은 줏대 즉 주체성(主體性)이 있어야 한다. 이 주체성을 기르는 데는 선(禪)이 가장 유효함을 강조한다.

7. 망우존인(忘牛存人)

소는 없고 사람은 있다.

7. 망우존인(忘牛存人)

〔序〕

〔원문〕

法無二法이어늘 牛且爲宗하니,
법 무 이 법　　　　우 차 위 종

喩蹄兔之異名하여 顯筌魚之差別이로다.
유 제 토 지 이 명　　　현 전 어 지 차 별

如金出鑛이요 似月離雲이라,
여 금 출 광　　　사 월 이 운

一道寒光이 威音劫外로다.
일 도 한 광　　위 음 겁 외

〔역〕
　법(法)에 이법(二法)이 없고 소를 잠시 종(宗)으로 삼는다. 제토(蹄兔)의 이명(異名)에 비유하여 전어(筌魚)의 차별을 나타낸다. 금(金)이 광(鑛)에서 나오는 것과 같고 달이 구름을 여의는 것과 같다. 일도(一道)의 한광(寒光) 위음(威音)이 겁외(劫外)로다.

[해 설]

위의 6단계에서, 소(心性)를 완전히 키워서 내 마음대로 부리게 되어, 그 소를 타고 본분(본래)의 고향에 돌아왔다. 이것으로 깨친 것 같지만 그렇지 않다. 왜냐하면 여기에는 깨침이라는 병(病)이 있다. 깨치기는 했지만 깨쳤다는 병(病)이 남아있는 한 완전한 깨침은 못된다. 우리가 돈만 있으면 사회 사업도 하고 자선 사업도 해 보겠다고 입버릇처럼 말하지만, 막상 돈이 있으면 그 돈에 얽매여 아무 일도 못 하는 것과 같이 깨치기는 했어도 깨쳤다는 데 얽매여서는 아직 완전한 것은 못 된다.

그래서 이 단계는, 깨침은 잊어버렸으나 깨친 〈나〉라는 존재를 가지고 있다. 그래서 이를 병(病)이라고 했다.

깨쳐서 일체중생을 구하지 않아서는 안되겠다고 수행한 것은 좋으나, 수행하여 깨침에 얽매여 나는 깨쳤으니 하는 돌팔이 중하고는 다르다. 높은 좌포에 앉아서 시봉 아이가 가져오는 차도 마시고 밥상도 받아야겠다고 의기양양하여 고자세를 부리는 것 또한 병(病)이다. 나는 깨쳤으므로 누가 무어라고 해도 조실(祖室 : 학인을 지도하는 사람) 스님이 된다는 그 깨침이 그 사람을 부자유롭게 한다. 소위 '불박법박(佛縛法縛)'으로 불에 걸리고 법에 얽매이게 되는 것이다. 그래서 깨쳤으면 그 깨침을 잊어버려야 한다. 돈을 벌었으면 그 돈을 잊어버려야 한다. 계산기를 들고 밤낮으로 계산만 하지 말고 잊어버려야 돈이 더 벌린다.

현대그룹 회장 정 모씨가 우리나라에서 돈이 가장 많은 사람이라고 하는데 그 자신은 돈이 얼마나 있는지 모른다고 한다.

《반야심경》에 "무지역무득(無知亦無得)"이라는 구절이 있다. 즉 아는 것도 없고 또 얻는 것도 없다. 알았다는 것도 없는 것이 반야의 지혜다. 깨침을 얻었다는 것도 없는 것이 진짜 깨침이다. 이가 '망우(忘牛)'다. 소를 잊어야 한다. 애쓰고 다년간 수행하여 손에 넣은 소를 잊어버려야 진실한 깨침이다. 이가 남아 있는 한 그 깨침의 포로가 되어 도리어 부자유함을 면치 못하게 된다.

법에 둘이 없다. 소를 잠깐 종(宗 〈근본〉)으로 삼는다. 도(道 〈불법〉)에 철저하면 법(진리)은 하나다. 《유마경》에 "불이(不二)의 법문(法門)"이라고 쓰여 있다. 법에 둘은 없다. 소를 붙잡은 나와 붙잡힌 소와 둘일 리 없다. 깨친 나와 깨우친 법이 따로따로라면 가짜다. '인우일여(人牛一如)' 즉 나와 법이 하나가 되고, 사람과 소가 일체(一體)가 된 때가 깨침이 아니어서는 안된다.

그래서 잠깐 방편으로 비유하여 소를 그림으로 그려 보았다.

즉 법을 구하는 수행을, 소를 찾(尋)는데 비유했던 것이다. 소를 임시(假) 불성으로 취급했을 따름이다.

  토끼를 잡으려면 그물(蹄)을 씌우는데, 목적은 토끼를 잡는 것이고 그물은 아니다. 토끼를 잡으면 그물은 필요하지 않다. 소도 그와 마찬가지나. 불싱을 깨치기 위하여 소라는 그물을 만들어 보았던 것이다. 불성을 알았다면 소는 필요하지 않다. 소는 그물의 이명(異名〈別名〉)이다.

  고기(魚)를 잡으려면 대로 만든 산대(簗)가 필요하다. 그러나 고기를 떴으면 산대는 필요하지 않다. 즉 산대는 잊어버려야 한다.

  불성을 깨치기 위하여 소를 찾아(尋) 소를 붙잡았으면 이제 소는 필요없다. 산대는 소고, 고기는 불성이다. 산대와 고기의 구별이 소와 불성과의 구별을 표시한 것이다. 요는, 우매한 중생을 위하여 여러 가지 비유로 깨우쳐 보려는 그 노파친절에 저절로 머리가 숙여진다.

  고기를 건져 산대를 잊어버린 것과 같고, 금(金)을 광석에서 정련(精鍊)한 것과 같은 것이다. 가령 제련(製鍊)되었으면 그 금(金)은 다시 광석에 돌아가지 못한다. 그리고 제련된 순금은 몇만년 땅 속에 묻어 두어도 광채가 난다. 그렇게 변하지 않는 데 금(金)의 가치가 있다. 그와같이 가령 깨침을 열어 번뇌와 깨침을 분별한다면 그 깨침은 다시는 번뇌와 하나가 되지 않는다.

  달에 구름이 덮였다가 그 구름이 달을 여의였다. 이는 구름이 달을 가리웠을 따름이다. 구름이 벗겨지면 달은 스스로 자태를 나타낸다. 우리는 번뇌망상의 구름에 가리워 마음의 달이 어딘가에 가리워서 보이지 않을 따름으로, 불성의 달이 없는 것은 아니다. 고요히 좌선하여 번뇌망상의 구름이 걷히면 중추(仲秋)의 명월(明月)이 나의 마음이 된다. 구름이 걷히고 쟁반 같은 둥근달이 청천에 빛나는 경지를 잡아(擱)서 '무자(無字)'라고 염제(拈提〈念〉)하면 그 '무자(無字)'가 3천세계를 비추는 '무자(無字)'다. 구름이 벗겨져 비로소 달이 비춘다고 생각하지만 그런 것이 아니다. 좌선하여 구름만 벗겨지면 거기서 자연히 달이 밝게 비춘다. 그러니까 달 자체는 아무런 변동이 없지만 구름 때문에 흐려지고 밝아지지 않는다는 얘기다.

그 달의 빛(光)은 일도(一道)의 한광(寒光)이다. 실로 어마어마한 빛(光)이다. 위음겁외(威音劫外)다.

위음왕불은 처음 이 세상(世上)에 나타난 부처다. 가장 오랜 부처라고 하는데, 위음왕 부처가 이 세상(世上)에 나타난 것은 백천만억 겁의 옛날 얘기인데, 그 백천만억 겁의 그 옛날도 비추었다는 빛(光)이다. 그러나 과거·현재·미래의 만 겁을 일관(一貫)하고, 무한한 공간을 일관(一貫)하고, 무한한 시간을 일관(一貫)한 빛(光)이 불성의 빛(光)이다.

일도(一道)의 한광(寒光), 위음겁외(威音劫外)다.

세로로 삼세(三世)를 관통하고, 가로로 시방(十方)에 미륜

(彌綸〈경륜〉)하고 있다. 그러한 불성의 빛(光)을 아는 것이 '망우존인(忘牛存人)'이다. 그림을 보면 소를 외양간에 넣었는지 모르겠으나, 소는 보이지 않는다. 그런데 사람이 홀로 앉아 있을 뿐이다. 그렇게 애쓰고 구하던 소를 애착없이 버렸다는 것에서 참으로 불성의 위대성을 알 수가 있다. 일도(一道)란 부처와 중생이 둘이 아닌 한 몸을 말한다. 한광(寒光)은 삼세 고금을 조파(照破)하여 그 빛이 희미하지 않고 철저히 비춘다는 것을 뜻한다.

그리고 까마득한 옛날, 처음 출현한 부처를 위음왕불이라고 한다. 후대의 세존을 가리키기도 한다.

위음겁외는 "부모에게서 태어나기 이전, 천지개벽 이전"이라는 말과 같은 뜻인데, 요즘 전문가들은 우주의 생성년대를 백오십억 년이라고 하니, 그 때로 생각하면 된다. 그런데 겁(劫)이란 백 오십억 년이 문제가 아니다.

천녀(天女〈仙女〉)가 일 년에 한 번씩 하강하는데, 그 치마자락(잠자리 날개와 같이 부드러운)이 4방 4십리인 반석에 한번 스쳐서 그 반석이 다 닳아 없어지는 시간을 말하고, 또 중국의 항하의 모래알을 한 알씩 다 세는 시간을 말한다고 하니, 이는 천문학적 숫자로 사람의 힘으로는 도저히 측정하기 어렵다. 그런데 이렇게 긴 시간을 불교에서는 일 초라는 인식도 못 할 정도의 짧은 시간으로 다루고 있는 점을 알아야 한다. 즉 "일초직입여래지(一超直入如來地)"라고 했으니 말이다. 번개불보다 더 빠르다는 것이다. 우물쭈

물 하지 않는다.

망우존인(忘牛存人) : 진리를 체득했다는 마음이 아직 남아 있다. 그 마음이 남아 있는 한 진리를 체득했다고 볼 수 없다.

애쓰고 구하던 소는 없어졌지만 자기라는 자체가 아직 남아 있다. 이 경우에는 깨침이 반쪽밖에 안 된다.

법무이법(法無二法) : 진리는 둘이 아니다. 진리는 어디까지나 하나다. 사람들은 차별계에만 집착하여 그에서 한 걸음도 내디딜 줄 모르고 있다. 여기서 증오와 갈등이 생긴다. 일단 하나에 들어갔다가 다시 본래로 돌아와야 한다.

우차위종(牛且爲宗) : 소를 임시 본심 즉 진리로 삼았다. 첫 단계에서 심우(尋牛)라고 한 것이 임시 방편상 쓴 말이다. 종(宗)이란 근원적 진리를 가리킨다. 따라서 종교(宗敎)란 근원적 진리를 뜻한다. 그래서 위에서도 본 바와 같이 진리는 노골화되고 있다. 이를 찾는다든가 또는 근원적 이니 하는 말들이 다 당치 않은 말이기는 하나, 섭사리 이해가 가지 않으므로 방편상 한 말에 지나지 않는다.

위음겁외(威音劫外) : 부처와 중생이 둘이 아니다. "일체 중생이 모두 불성을 지니고 있다" 고 했으니, 어느 것인들 부처 즉 진리의 당체 아닌 것이 없다. 여기서는 부모에서 나기 전의 본래면목으로 알면 된다.

[頌]

[원 문]

騎牛已得到家山하니　牛也空兮며 人也閑이로다.
기 우 이 득 도 가 산　　　우 야 공 혜 며　인 야 한

紅日三竿猶作夢이요　鞭繩空頓草堂間이로다.
홍 일 삼 간 유 작 몽　　　편 승 공 돈 초 당 간

[역]

소를 타고 이미 집(家山)에 돌아오니, 소는 없고(空) 사람 또한 한가(閑)하다. 홍일삼간 오직 꿈이요, 편승은 헛되이 초당 간에 걸려 있다.

[해 설]

소를 타고 내 집에 돌아와 보니 이제는 소가 필요없다. 소 고삐를 쥐고 있을 필요도 없다. 놓아 주어도 좋고, 어디로 가든 가고 싶은 대로 가도 좋다. 먹이를 먹거나 낮잠 자거나 소 마음대로 버려 두어도 좋다. 그리고 소라는 것도 잊어 버린다. 그 소라는 것이 없어지면 불성은 실로 한가한 것이다. 한가하다는 말은 깨쳤으니 머리 속에 잡념망상이 말끔히 없어졌다는 것을 뜻한다.

그러니까 아무 것도 구할 것 없다. 천지간에 구할 것은

하나도 없다. 다만 배 고프면 밥을 먹고, 목이 마르면 차 마시고, 곤하면 자고 할 뿐이다. 소가 인생의 종점에 도착한 모습이다.

인생의 목적은 무엇인가? 목적이 있는 한 인생의 종점에 도착되고 있지 않다. 종점에 도착하면 노닌다. 《관음경》에도 관세음 보살은 이 사바세계에 중생을 제도하려고 왔다. 그런데 노닐고 있다.

인생의 종점에 도착하면 아무 것도 구할 것이 없으므로 노닐뿐이다. 그래서 한가(閑)하다. 있어도 좋고, 없어도 좋고, 살아도 좋고, 죽어도 좋고, 기쁨도 좋고, 슬픔도 좋고, 비가 와도 좋고, 개어도 좋다. '일일시호일(日日是好日)'이다. 어느 날이나 좋지 않은 날이 없다. 태평세계다.

인생도 여기에 이르면 만사 OK다. 태양이 작대기를 세 개 이은 높이에 떠올라도 코골며 깊은 잠에 들어 있다. 그 소를 찾느라고 무한히 애쓰다가 오래간만에 내 집에 돌아왔으니 누구에게도 사양할 것 없다. 두 다리를 쭉 펴고 하품하며 큰 대자로 잔다.

우리들의 혼(魂)이 태어나면서부터 나그네로 유랑하고 있었다. 태어나면서부터가 아니다. 세계가 시작된 이래 우리들의 혼(魂)은 거지가 되어 있었다. 그런데 지금 부처님 앞에 그리고 내 집에 돌아왔다. 다년간 구해 온 불도를 완전히 내 것으로 하여 천지간에 더 이상 구할 것은 하나도 없다. 돈도 필요하지 않고 지위도 필요하지 않다.

최후까지 소를 끌고 온 채찍이니 코뚜레니 그런 것들은 다 필요가 없게 되었다. 바꾸어 말하면, 이때까지 애지중지 하던 《벽암록》이니 《무문관》이니 《십우도(十牛圖)》니 그런 것들도 모두 필요하지 않다.

　임제 선사가 황벽 선사 앞을 떠날 때 황벽 선사가 시자보고 궤안(机案 : 백장 선사가 가지고 있던 禪板과 見台)을 가져오너라(황벽은 임제에 인가 증명으로 주려고)하니, 임제는 시자야! 불(火)을 가져오라고 했다. 그 따위는 필요 없으니 불살라 버리라고 큰소리 쳤다. 깨치고 보면 그런 거추장스러운 것 다 소용없다는 것이다.

　부처님으로부터 전해 온 가사도 일없고 철발도 일없다. 편색(고삐)없이 머무는 (頓) 초가삼간(草家三間)이다. 편안하다. 허공을 집으로 삼고 수미산을 베개로 삼아 누우니 어찌 평화롭지 않으랴!

　내 집에 돌아오니 세계가 모두 내 것이 되었다. 내가 세계의 주인공(主人公)이 되었으므로 무엇도 사양할 것 없다. 위의 말을 잘못하면 오해하기 쉽다. 소위 분방하여 자기 멋대로 한다는 말이 아니고 매사에 하나가 되어 자유자재로 행동한다는 뜻이다.

도가산(到家山) : 수행하면 무언가 있으리라고 애쓰고 구하였으나, 깨치고 보니 별다는 것이 아니었다. 자기 본래의 면목에 되돌아왔을 뿐이다. 구하던 진리도 없고 자기자신도 한가하다.

한(閑)은 일 없이 빈둥빈둥 노는 것이 아니고, 번뇌망상으로 머리속이 복잡하고 분주하던 것이 깨친 다음에는 공상망상이 깨끗이 씻어졌으므로 한가할 수밖에 없다.

홍일삼간(紅日三竿) : 해가 석 자나 떴는데 늦잠 잤다는 뜻이다.

이는 중생이 원래가 불성인 줄 모르고 그를 애써서 구했다는 것이 잘못이고, 더욱이 소를 봤느니 먹이느니 탔느니 하는 것들이 모두 때 늦었다는 것을 말한 말이다. 그래서 꿈 속에서 잠꼬대한 거나 다름없다.

돈(頓) : 정돈이라는 글자는 산란한 마음을 정리하여 본래의 면목에 돌아간다는 뜻이다. 사실은 본래 부처이기는 하지만 사회악에 물들어 그 때를 벗기지 않고는 제 자리에 돌아오지 못한다. 그래서 수행(좌선)으로 번뇌망상을 제거해야 한다.

초당(草堂) : 소의 고삐를 놓칠세라 단단히 붙잡고, 먹이고, 타고 한 것이 우스꽝스럽다. 본래의 자기 집에 돌아와 보니, 시계는 그대로 시계고, 책상은 그대로 책상이 아닌가! 오막살이 초가삼간 집도 그대로다. 기와집이나 되려니 했더니 그것이 아니었다.

〔**和**〕

〔원 문〕

欄內無牛趁出山하니 煙簑雨笠亦空閑이로다.
난 내 무 우 진 출 산　　　연 사 우 립 역 공 한

行歌行樂無拘繫하니 贏得一身天地間이로다.
행 가 행 락 무 구 계　　　영 득 일 신 천 지 간

〔역〕

울타리안에 소 없고, 산(山)에 나가니 연사우립 또한 공한하다. 행가행락구계 없으니 영득하여 일신이 천지간이로다.

〔해 설〕

산(山)에서 몰고(送)와 울타리 안에 몰아 넣었는데 그 울타리안에 소는 그림자조차 보이지 않는다.

진리가 산 속에 깊숙히 묻혀 있는 줄만 알고 애써 찾았는데 깨치고 보니 그런 것이 아니었다. 가령 소를 찾아도 소라는 그 자체가 있을 리 없다. 그런데 비가 와도 소는 먹여야 한다. 이 소는 비가 온다고 먹지 않거나 눈이 온다고 먹지 않는 소가 아니다. 일 년 열 달 하루도 빠짐없이 먹여야 한다. 비올 때 목동(牧童)들이 우장사립을 쓰고라도 먹여야 한다.

'사(簑)'자는 풀로 엮은 것으로, 비가 오면 어깨에 두르고, '립(笠)'은 삿갓인데 머리에 쓴다. 이렇게 하면 비를 맞을 염려가 없다.

7. 망우존인(妄牛存人)　167

소를 타고 가며 노래 부르는 소위 유희삼매경(遊戱三昧境)이다. 마음대로 행하지만 조금도 규범(規範)을 벗어나지 않는다. 다시 말하면 도인(道人)은 밑 빠진 항아리처럼 이리 구르고 저리 굴러도 일상생활의 테두리에서 탈선하지 않는다.

자유·무심의 경애(境涯)에는 어떠한 데도 구속되지 않는다. 배가 고프면 먹고, 곤하면 자고, 부르면 '네'! 하고 대답하는 데 무슨 구속이 있겠는가!

천상천하 유아독존(天上天下 唯我獨尊)이 무엇이며, 삼황오제(三皇五帝)가 부럽지 않다. 세상에 귀한 것은 금은 보화일 것이며, 제일 높은 이가 임금일 것이다. 그러나 이런 것들도 안중에 들지 않는다. 깨친 그 자리는 천하에 어떤 것으로도 바꿀 수 없다. 그 자유자재한 경계야말로 천지간에 독보할 것이다.

〔又〕

〔원문〕

歸來何處不家山가 物我相忘鎭日閑이로다.
귀 래 하 처 불 가 산　　물 아 상 망 진 일 한

須信通玄峰頂上하니 箇中渾不類人間이로다.
수 신 통 현 봉 정 상　　　개 중 혼 불 류 인 간

[역]

돌아와 보니 어느 하나 가산(家山) 아님이 없다. 물(物)과 나를 서로 잊어서 종일(鎭日) 한가하다. 모름지기 믿어라. 통현(깨쳐서) 정상에 오르니 보통 중생과 견줄 바가 아니다.

[해설]

깨치고 보니 어느 하나가 진리의 당체 아닌 것이 없다. 시계는 시계의 임무를 다하고, 책상은 책상의 의무를 다하고 있는 것이 바로 '가산(家山)'이다. 이렇게 될 때 상대인 사물과 자기가 한 몸이다. 온 종일(鎭日) 한가(閑)하다. 주부가 부엌에서 밥 지을 때 그와 한 몸이 되고, 걸레질할 때 그와 한 몸이 되어 물아상망(物我相忘다)의 경지에 이르면 '나'라는 존재를 망각하니 한가하다는 것이다.

시비·선악을 가리키는 것이 세상사이지만 대오철저(通玄蓬頂)한 경지에는 시비·선악·고하·장단의 구별을 인정 못한다. 위의 경지를 얻은 사람은 범부 사이에 끼어도 그 범부에 물들지 않는다. 이렇게 악우(惡友)와 어울려도 악우에 물들기는커녕 도리어 그 악우를 선도할 수가 있을 것이다. 그래서 사람의 주체가 서고, 인생관이 확립되어 평화롭고 유쾌한 생활을 영위할 수가 있다.

사람은 유리관 속에서 살 수는 없다. 사회의 거센 파도 속에서 살지 않을 수 없다. 이 거센 파도를 잘 헤치고 나가는 사람이 결국 승자(勝者)가 될 것이다.

 물든다는 말은 오염된다는 뜻이다. 한 번 가고 두 번 가는 동안 그 일에 취미를 붙여 가지 않고는 견디기 어렵다. 다시 말하면 한 푼 두 푼 버는 재미에 밀수하면 어느 때인가 들통난다. 이가 범부의 약점이다. 수행하여 도통한 사람은 집착을 두지 않기 때문에 그러한 사고를 일으킬 염려가 없다. 이 7단계쯤에 이르면 확고한 자신이 서기 때문이다.

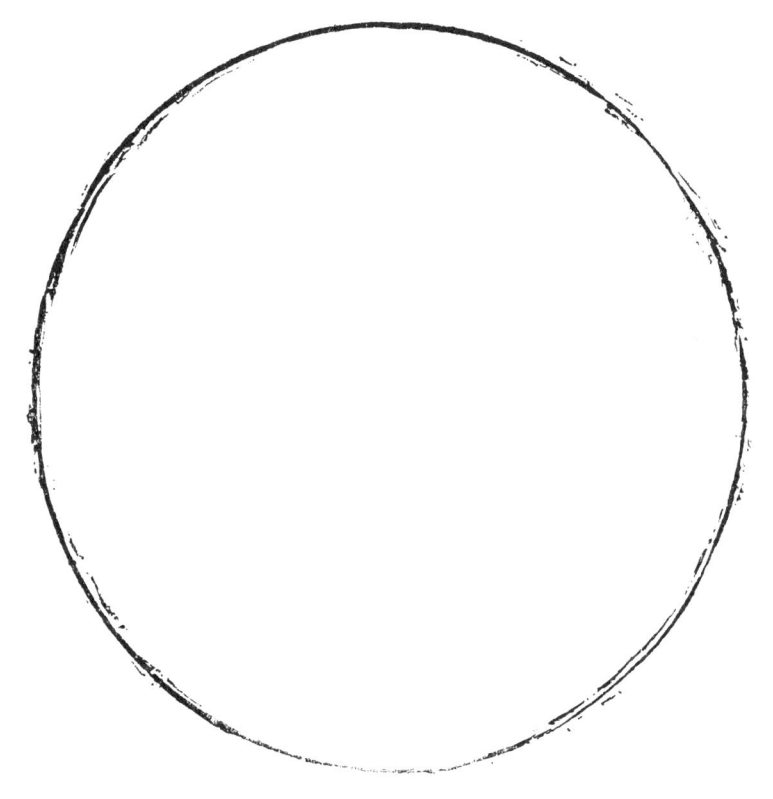

8. 인우구망(人牛俱忘)

사람도 소도 없다.

8. 인우구망(人牛俱忘)

[序]

[원 문]

凡情을 脫落하니 聖意皆空이라 有佛處用遨遊하고
범정   탈락   성의개공   유불처용오유

無佛處急須走過하여 兩頭不着하니
무불처급수주과   양두불착

天眼難窺라 百鳥啣華하니 一場憪憟로다.
천안난규   백조함화   일장마라

[역]

번뇌를 탈락하니 깨침의 세계가 모두 공(空)이다. 유불처에 노닐지 않고, 무불처에서는 급히 달음박질하여 둘에 집착하지 않으니, 천안도 엿보기(窺) 어렵다. 백조가 꽃 가지를 물어 오니 일장의 웃음거리로다.

[해 설]

앞의 7단계에서는, 소는 없으나 사람이 남아 있어서 완전하고 철저한 대오는 못 되었으나, 이 8단계는 '인우구망(人牛俱忘)', 소위 사람도 없고 소도 없다. 따라서 대오철저한 경계다.

그러니까 깨침도 없으려니와 깨쳤다는 법(法)도 없다. 즉 불성을 노골화하고 있다. 수행의 정점에 달한 일원상(一圓相)이다.

선가에서는 옛날부터 동그라미를 그리고 이 안에 들어가라고 학인을 시험하는 일이 가끔 있었다고 한다. 이 동그라미가 우리들의 불성이다. 둥글기가 태허(太虛)와 같아서 결함도 없고 남음도 없다. 그래서 남자도 없고 여자도 없고, 부자도 없고 가난도 없고, 선(善)도 없고 악(惡)도 없다. 이런 세계가 깨달음의 정체다.

돈뭉치나 떨어지지 않았나, 미인의 생각과 같은 범정(凡精)은 이미 없어진 지 오래다. 실로 거울과 같은 심정이다. 그렇다면 깨침이라는 것도 없어졌다.

옛날 원님이 지방 순시할 때 효자가 산다는 마을을 지나게 되어, 가마를 멈추게 하고 이 동네에 효자가 산다는데 그 사람을 불러오라고 하니, 나무하러 갔다. 아직 돌아오지 않았다고 했다. 그래서 원님은 효자가 오기를 기다렸는데 이윽고 나무 한 짐 잔뜩 해서 지고 왔다. 마당에 나무 짐을 내려놓으니 80여 세의 꼬부랑 어머니가 그 나무 짐을 풀어 나뭇간에 넣고 아들의 발도 닦아 주고 온갖 시중을 다한다.

원님 크게 노하여, 저 불효자식을 하옥하고 곤장 백 대를 치라고 했다. 이 때 효자의 말이 나는 "효자인지 불효자인지 알지 못합니다. 다만 어머니가 하고 싶다는 대로 할 뿐입니다" 하고 대답했다.

어머니가 하고 싶다는 대로 하지 않으면 어머니는 식사를 들지 않는다고 했다. 원님이 듣고 보니 과연 효자로구나 하고 큰 상을 내렸다고 한다.

"효자인지 불효자인지 자기는 알지 못한다"는데 진짜 효도가 있다. 만약 자기는 효자라고 자신이 알았다면 그는 가짜 효자일 것이다. 그림을 보면 아무 것도 없다. 소도 없고 사람도 없다. 털끝 하나 없다. "효자라는 것도 모르고 불효자라는 것도 모르는데" 진짜 효도가 행해질 것이다.

불(佛)이 있는데, 깨침이 있다고 이런 곳에서 어물거리지 말라. 요즘 사람은 "고맙습니다."라고 사례의 말을 잘 쓴다. 이는 종교적 정서로 좋은 말이나, 고맙다는 생각이 있을 때에는 진짜 고마움이 못 된다. 아직 집(家山)에 돌아오지 못하고 있다. 아직은 부처님에게 손님(客)으로 가 있으니 그런 사례 말을 쓰지 않을 수 없게 된다.

어떤 사람이 부처님 앞에서 낮잠을 쿨쿨 자고 있는 것을 보고 "그대는 버르장이 없이 부처님 앞에서 낮잠 자는 사람이 어디 있느냐"고 책망하니, 벌떡 일어나면서 하는 말이 "나는 아버지 앞에서 낮잠 자고 있었다. 그대는 아버지 앞에서 낮잠 못자는 것을 보니 그대는 서자인 모양이로다"하고 반박했다.

"감사합니다" 하는 때는 아버지 집에 돌아온 때가 아니다. 아직은 손님으로 있다. 정말 깨쳤으면 깨침이 고맙다는 것도 모르게 된다는 것을 얘기한 것이다.

부처님이 있다는 그런 변통 없는 곳에 머물지 말라. 그러면 부처도 없고 진리도 없는 세계가 좋으냐 하면 "불이 없는 곳에서 급히 달아나라." 부처가 없는 곳에서 빨리 도망치라. 그렇다고 해서 부모의 효행도 필요 없지만 부모 불효는 더욱 안 된다.

불법 냄새는 싫다. 그러나 '불법기(佛法氣)'가 없는 데는 더욱 싫다. '원(圓)'이다. 그림과 같이 티끌 하나 없는 둥근 것이 제일 좋다. 따라서 아무 것도 생각지 않는 것처럼 좋은 일은 없다. 모르는 것이 부처라고 했다.

유불(有佛)에도 집착하지 않고 무불(無佛)에도 집착하지 않는 경지(境地)를 알았다면 "천안(千眼)도 엿보기 어렵다." 천안(千眼)은 천수천안(千手千眼)의 관음보살을 가리킨다. 그런 관음보살도 알지 못하고, 부처님도 알지 못한다는 것이다. 건방지다고, 제가 아무리 깨쳤다 하더라도 관음보살과 부처님에 비할 수가 있느냐고 야단칠른지 모르겠으나, 깨친 자리 즉 진리를 파악한 곳에는 갑·을의 구별이 없다.

이는 중국의 우두법융(牛頭法融 〈594~657〉) 선사의 일화다. 4조 도신(道信)선사의 법을 이어 받은 사람이다. 토굴에서 면밀히 수행하고 있으니 많은 사람들이 귀의할 뿐 아니라, 산새까지 꽃을 물어다 우두 선사가 좌선하는 앞에 공양하였다고 한다.

그런데 도신 선사의 법을 이어 대오철저한 다음부터 새가 꽃을 물어 오지 않았다고 한다. 세상 사람으로부터 칭찬받을 경지로서는 아직 미급하다. 관음보살이나 부처님도 모르는 높은 경지가 '인우구망(人牛俱忘)'이다. 이런 경지에 들기 쉬운 일이 아니다.

들었다 하더라도 잘 인정하지 않는다. 사람이란 종교에 관하여 실로 저급하다. 새가 꽃을 물어와서 공양했다는 것은 깨친 사람으로서는 도저히 이해가 가지 않는다. 새가 어떻게 법융 선사의 도력을 알길래 꽃을 공양할 수 있을까? 우리 선(禪)에서는 어떠한 기적이나 신통력 같은 요사스러운 것을 절대 배격할 뿐만 아니라 있을 수 없다.

선(禪)은 가장 자연스러운 실천주의다. 그 예로서 '짝손[雙手]의 소리'같은 공안이 있다. 어떻게 짝손에서 소리가 나겠는가? 그런데 선(禪)에서는 능히 소리낼 수가 있다. 그러면 이를 기적이라고 할까? 신통력을 부려서 소리를 낸다고 할까? 그런 것이 아니고 언구(言句)에 걸리지 않으면 된다. 우리는 일상생활에서 전부 언구(言句)에 걸려 있다. 그래서 부자유한 생활을 영위하고 있는 실정이다. 언구(言句)에 걸리지 않으면 새가 어떻게 꽃을 공양하는가? 사람이 아니면 안될 것이다. 여기가 선(禪)이 실천주의라는 까닭이다.

위에서 새가 꽃을 물어 오지 않는다는 것은 꽃을 공양 안

하여도 그 이상의 정신적 경지를 가지고 있기 때문일 것이다. 삿갓(笠) 위의 삿갓은 불필요하다. 더욱이 거추장스러울 정도다.

그런데 인우구망은 능견(能見)의 사람과 소견(所見)의 소가 모두 공망(空忘)에 돌아왔다. 말하자면 성(聖)도 없고 진(眞)도 없는 일체를 싹 쓸어버린 인경구탈(人境俱奪)인 절대 부정의 경계다. 여기 이르러서는 의로부도(意路不到)고 언전불급(言詮不及)이다. 그래서 혹 사람들은 일원상(一圓相)을 그려서 그 소식을 그림으로 표현할 뿐이다.

중국의 조주 스님은 유불처(有佛處)에 있지 말고 무불처(無佛處)에서 급히 가라고 했다. 즉 깨쳤다고 해서 깨친 자리에 머물지 말고 오유(遨遊)하라고 했다. 오유 두 글자 다 논다는 자이나 여기서는 치우쳐 놀아서는 안 된다는 뜻이다.

양두(兩頭)는 상대적 입장을 말한다. 범정(凡情)과 성의(聖意), 유불과 무불을 가리킨다. 우리는 항상 상대적 입장만 취하고 있다. 예쁘고 밉고, 짧고 길고, 낮고 높은 이것이 모두 상대적이다. 그런데 불법에서 볼 때, 그러한 상대는 조금도 인정되지 않는다. 왜냐하면 전 우주를 하나로 뭉친 때가 불법이기 때문이다. 상대적으로 볼 때 눈이 천 개라도 불법(진리)을 엿볼 수 없다.

우리들의 눈은 둘이지만 천 가지 만 가지를 보고 있다. 이를 한 눈으로 볼 줄 아는 사람이 바로 깨친 사람이다. 하나 주의할 것은 사물을 언제든지 하나로 보는 것이 아니다. 하나로 본 다음에 그를 본래대로 높은 것은 높고 낮은 것은 낮다고 보게 된다. 이를 선적(禪的)으로 말하면 평등(본체)으로 본 다음 차별(현상)로 본다. 즉 평등 즉 차별, 차별 즉 평등이라야만 된다. 그러니까 평등과 차별은 말은 다르면서 결국은 같다는 결론이 내려진다.

백조함화(白鳥啣華) : 우두 선사가 좌선공부할 때 날짐승들까지 꽃을 공양했는데, 후에 4조 도신 선사의 지도를 받아 깨친 뒤에는 그런 일이 없었다고 한다. 다시 말하면 깨치기 전에는 '성(聖)'이라는 거룩한 것이 남아 있었는데, 깨치고 나서는 범성탈락(凡聖脫落)이다. 모두 공(空)하다는 이야기다. 범성탈락은 부귀빈천의 구별을 철저히 인식하는 경계를 말한다.

마라(憮儸)는 부끄럽다는 뜻이다. 여기서는 웃음거리라는 말로 쓰인다. 우두 선사가, 공부 중에 나는 새까지 꽃을 물어다 공양했는데 깨친 뒤에는 그것이 중단되었다고 하니 웃음거리 얘기밖에 안 된다.

인우구망(人牛俱忘) : 사람도 없고 소도 없다. 공(空)하다는 단계다. 《반야심경》에 색즉공이라고 했다. 만상이 전개되어 있으나 이가 모두 공(空)하다는 것이다. 왜냐하면 전개되어 있는 만상이 어제든지 그 상태를 유지하고 있는 것이 아니기 때문이다.

시시각각으로 변이 변화한다. 그러니까 진리 당체에 있어서는 사람이니 소니 하는 그러한 객체(個體)가 인정되지 않는다. 그래서 이 단계는 완전무결한 선(禪)의 입장에 이른 때다. 즉 누가 무어라고 해도 끄떡없이 자기 소신(所信) 껏 나아갈 수가 있게 되었다.

범정탈락(凡情脫落) : 범부가 생각하는 고하·장단·부귀·빈천 등의 망상이 항아리 밑이 빠진 것처럼 모두 탕진되었다. 오늘날까지의 번뇌·망상을 깨끗이 쓸어버린 경계(境界)다.

유불처무불처(有佛處無佛處) : 편위(偏位〈치우침〉)에 사로잡혀 불견불법(佛見佛法)에 얽매여서는 안 된다. 그렇다고 해서 정위에 집착해도 안 된다. 그래서 깨쳤으면 깨쳤다는 것도 버릴 경지에 이르러야 한다는 얘기다.

오유(遨有) : 오유는 활동한다는 형용사다. 두 자 다 논다는 자이나 여기서는 치우쳐서는 안 된다는 뜻이다.

양두(兩頭) : 상대적 경우를 말한 것이다. 유불과 무불을 가리킨다. 우리는 늘 상대적 입장을 취하고 있다. 밉고 예쁘고, 짧고 길고, 낮고 높은 이것들이 모두 상대적이다. 그러나 불법에서 볼 때 그러한 상대는 조금도 인정되지 않는다. 왜냐하면 전 우주를 하나로 뭉친 때가 불법이기 때문이다.

상대적으로 볼 때 눈이 천 개라도 불법을 엿볼 수 없다. 우리들의 눈은 둘이지만 천 가지로 만 가지로 보고 있다.

이를 한 눈으로 볼 줄 아는 사람이 바로 깨친 사람인 것이다.

마라(懡㦬) : 역하여 참(慙)자로 쓰는데, 부끄럽다는 뜻이다. 여기서는 웃음거리라는 말이 적당하다. 우두 선사가 공부할 때 새가 꽃을 물어다 공양했는데, 깨친 후에는 그것이 중지되었다고 하니 웃음거리 애기밖에 되지 않는다는 뜻이다.

〔頌〕

〔원 문〕

鞭索人牛盡屬空하니 碧天遼闊信難通이로다.
편 삭 인 우 진 속 공   벽 천 료 활 신 난 통

紅爐焰上爭容雪가 到此方能合祖宗이로다.
홍 로 염 상 쟁 용 설   도 차 방 능 합 조 종

〔역〕

채찍과 밧줄, 사람, 소 모두 공(空)하니 푸른 하늘은 멀고 넓어 밝히(信)기 어렵다. 끓는 솥에 어찌 눈(雪)을 넣겠는가! 이에 이르러 정(方)히 조종(祖宗)에 계합(契合)한다.

〔해 설〕

시간을 초월하고 공간을 초월한, 활짝 날이 개인 심정이

다. 달마가 "확연무성(廓然無聖)"이라고 절규한 경계다. 깨치고 보니 하늘에 구름이 한 점 없는 심경이다. 깨치기까지는 심경이 답답하고 우울하던 것이 깨치고 보니 그 경애(境涯)는 천지를 일관(一貫)할 정도다.

달마 스님이 처음 중국에 왔을 때, 마침 양무제 때였다. 양무제는 불교의 독신자로 달마를 반가이 만났다.

"불법이란 어떤 것입니까?"

달마가

"확연무성"

이라고 대답했다. 즉 가을 하늘에 구름 한 점 없이 환하여 개미 한 마리도 보이지 않는다. 이를 이해 못 했다. 깨친 사람과 깨치지 못한 사람의 차이가 이런 점에 있다.

벌겋게 단 가마에 눈을 아무리 넣어도 금방 녹아버린다. 밑구멍이 빠진 항아리에 물을 넣는 것과 같다. 아무 것도 남지 않는다. 무엇을 넣어도 녹아버린다. 미(迷)를 넣어도, 오(悟)를 넣어도, 악을 넣어도 선을 넣어도 녹아 버린다. 이러한 경지가 소위 '인우구망(人牛俱忘)'이다. 아무 것도 없다. 사람도 녹아 버리고 소도 녹아 아무 것도 없는 공(空)한 상태다.

이 경지를 알므로써 비로서 선(禪)을 알았다고 할 것이다. 부처님의 마음과 똑같다고 으시댈 것이다. 진리를 파악한 자리고 보면 부처님이나 달마 조사의 경애와 똑같음은 물론이다.

진리를 구하던 사람이나 구하는 대상이던 소가 모두 없어졌다. 구하고 보니 별 것이 아니었다. 모나거나 길쭉한 무엇이었나 하고 궁금했지만 그런 것이 아니고 산은 높고, 내는 길고 자연 그대로니까 결국 공(空)에 속한다는 말이다.

"우물 안의 개구리"라는 말이 있다. 즉 깨치기 전에는 세계가 요활(遙闊)하지 못하다. 청천(靑天)이 꽉 막혀 숨통이 터질 지경이다. 우리들이 인식하는 사물의 한계는 그 범위가 궁색하다. 그러나 눈이 활짝 트이면 천지가 모두 자기 것이 된다.

백 도가 넘는 화롯불에 한 줌의 눈을 넣으면 녹아서 그 자취를 찾아볼 길이 없다. 불(火)과 눈(雪)과 하나가 된다. 그와같이 부처를 만나면 부처와 한 몸이 되고, 조사 스님을 만나면 조사 스님과 한 몸 되니 자기 자신도 없으려니와 부처나 조사 스님도 없으니 서로 만났다는 자취를 어떻게 인정하겠는가! 이는 '유무·미오(有無·迷悟)' 등 한 조각의 흔적도 남기지 않는 경계를 말한다.

종지(宗旨)는 하나다. 그러나 이를 활용하는 면에 있어서 다소간 다른 데가 있다고 볼 수 있다. 즉 그 사람의 선천적 성품이라든가 또는 도력, 학식, 주변환경에 따라 차이가 있음은 어쩔 수 없다. 이는 선지를 거양하는 데 있어서 일 면을 말한 것이다.

진속공(盡屬空) : 소를 구하던 사람이나 구하는 상대인 소가 모두 없어졌다. 결국 깨치고 보니 본래대로였다는 것을 표현한 말이다.

벽천료활(碧天遼闊) : "유불(有佛)에 주(住)하지 않고, 무불(無佛)에 머무르지 않고, 인우(人牛)가 함께 공(空)한다"는 세계를 말한다.

깨치기 전에는 세계가 좁다. 우리들이 인식하는 사물의 한계는 그 범위가 궁색하다. 그러나 눈이 활짝 트이면 천지와 하나가 되니 넓기가 한량 없다.

홍로염상쟁용설(紅爐焰上爭容雪) : 불에 한 줌의 눈을 넣으면 녹아서 그 자취를 찾아볼 길이 없다. 백천(百川)이 흘러 바다로 들어가면 나는 한강물이고 너는 낙동강물이라고 서로 뻐기지 못한다. 바다 짠 물에 융합되어 너·나의 구별이 전혀 없어지는 것과 같은 말이다.

합종조(合宗祖) : 선지(禪旨)에 계합한다는 뜻이다. 종조는 조실 스님을 가리키는데 이 종지(宗旨)는 하나다.

〔和〕

〔원문〕

慚愧衆生界已空하니 箇中消息若爲通이로다.
참 괴 중 생 계 이 공　　　개 중 소 식 약 위 통

後無來者前無去하니 未審憑誰繼此宗가.
후 무 래 자 전 무 거　　　미 심 빙 수 계 차 종

[역]

참괴하여 중생계 이미 공(空)하니, 개중의 소식 어찌 통할고, 뒤에 온 자 없고 앞으로 가는 자 없다. 의심스럽다. 누구를 믿어 이 종(宗)을 이을 것인가.

[해설]

이때까지 달에 구름이 덮여 있어서 달이 보이지 않는다고 투덜거렸지만 어느 사이에 구름도 벗겨졌고 달도 없어졌다. 달 속에는 계수나무가 있다고 하는데 그 계수나무도 없어졌다. 이런 것 저런 것 모두 없어졌다. '인우구망(人牛俱忘)'이니 무어 하나가 남을 리가 없다.

"본래무일물(本來無一物)"이다. 일원상(一圓相)이다. 부처에 있어서도 남음이 없고, 범부에 있어서도 결함이 없다. 소위 둥글기가 태허(太虛)와 같다. 무엇이든 싹 쓸어 버린 일원상(一圓相)의 세계다. 참으로 경쾌한 세계다. 이 세계에 있어서는 어떤 집착이나 망념이 있을 수 없는, 아침 이슬방울 같은 심정이다.

참괴(慚愧), 두 글자 다 부끄럽다는 글자다. 《열반경》에 "참(慚)은 안으로 스스로 수치하고, 괴(愧)는 발로(發露)하여 사람에게 향함"이라고 쓰여 있다. 보통 수치스럽다는 뜻인데 무엇이 수치스러우냐 하면, 본래 가지고 있는 불성을 그렇게 애써서 찾고 보니 불성이란 것도 없었다는 것이다.

불교에서 중생이라 하면 생명체만을 말하는 것이 아니고 무기물(無機物)도 포함되어 있다. 그러니까 우주간에 어떤 것을 막론하고 불성을 지니지 않은 것이 없다는 것을 말한다. '중생계이공(衆生界已空)'이란 중생은 본래 불성이니까 제도할 아무런 건덕지도 없다는 말이다. 이미 부처니까 건질 것도 없다고는 하지만, 범(凡)·성(聖)의 차별이 없을 수 없다. 다만 무명의 구름을 벗기느냐 못 벗기느냐 하는 데 있을 뿐이다.

여기에 소식(消息)은 동정(動靜) 또는 진퇴(進退)가 전하여 안부를 물을 때 쓰는 말이다. 행장(行狀)등을 표시할 때 쓰기도 한다. 여기서는 상태(狀態)라는 말이 적절할 것 같다. 즉 공의 소식을 어떻게 통해 알 수 있을까?

후무래자전무거(後無來者前無去)는 《유마경》에 "만약 이래(已來)면 불래(不來), 만약 이거(已去)면 다시 불거(不去), 래자(來者)는 종래(從來)할 곳이 없고, 가는 자는 이를 데 없다"고 했다. 이 말은 생하여 이 세상에 온다는 것도 없고, 죽어 갈 곳도 없다는 말이다. 다시 말하면 여래는 와도 온 곳이 없고, 가도 간 곳이 없다는 의미를 내포한다. 우리가 어머니 뱃속에서 태어날 때를 왔다고 하고, 죽은 때를 갔다고 한다. 그런데 자세히 과학적으로 관찰하면 태어난다는 것이 백오십억 년 전부터 선조에서 이어온 것으로서, 개별로 태어난 것은 아니다.

또 죽는다는 것 역시 사대원소(地·水·火·風)가 흩어

질 따름이다. 그래서 '인우구망(人牛俱忘)'은 시간과 공간을 초월한 절대의 경계다.

빙수계차종(憑誰繼此宗)은 '인우구망(人牛俱忘)' 즉 구하는 나라는 사람도 없고 구하던 상대의 소도 없는 소위 불견법견(佛見法見)을 끊은 절대경을 누구에게 전할 것인가! 사람도 없고 소도 없는 경지에 이르려면 보통 노력으로는 도저히 어려운 일이다. 이렇게 힘들게 얻은 진리를 자기와 똑같이 체험한 사람이 아니고는 전해주지 못한다. 일반에서는 있는 재산을 무조건으로 자식에게 전하지만 불법에 있어서는 무조건은 절대 안 된다. 세존께서 가섭에게 전하듯이 체험한 사람이 아니고는 전하지 못한다. 법대(法代)가 끊어지는 한이 있더라도 이것만은 어쩔 수 없는 엄중한 규법이다.

달마가 인도에서 28대 법손인데, 인도에서는 다음 대를 구하지 못하여 인도양을 3년이나 걸려 중국에 와서 겨우 혜가에게 법을 전한 사실만으로도 짐작할 수 있는 일이다. 자기 나라에서 법을 받을 사람이 없으면 타국에라도 가서 전하지 않으면 그 책임을 어떻게 면하겠는가! 목숨을 걸고 그 책임을 져야 하는 것이 불법의 상승(相承)이다.

〔又〕

〔원문〕

一鎚擊碎大虛空하니　凡聖無蹤路不通이로다.
일 추 격 쇄 대 허 공　　범 성 무 종 로 불 통
明月堂前風颯颯이요　百川無水不朝宗이로다.
명 월 당 전 풍 삽 삽　　백 천 무 수 불 조 종

[역]

한 방망이로 대허공을 격파하니 범성(凡聖)의 발자취 없고 깊이 통하지 않는다. 당전에 달이 비추고 바람소리 스친다. 백천의 물이 바다에 흘러 들어가지 않음이 없다.

[해설]

중국의 삼조 승찬(僧璨) 선사가 신심명(信心銘)에 "원동태허(圓同太虛)"라고 못박았다. 즉 깨친 자리는 둥글기가 태허와 같다고 했다. 모가 진 데 없다. 그러니까 우리 일상 생활에 있어서 원만하고 부드럽고 평화한 생활을 영위할 수가 있다. 어느 스님에게 당신은 중국에서 어떤 것을 배워 왔습니까? 하니 "유연(柔軟)을 배웠다"고 대답했다.

유연이란 부드럽고 연하다는 말이다. 진짜 깨친 사람은 〈유연〉함이 틀림없다. 왜냐하면 태허같은 경지이니 모가 없고 거침이 없으니 말이다.

위의 경지가 수행자가 쌓아 올린 정상의 세계다. 에베레스트 최고봉에 깃대 꽂은 경지다. 이런 경지에 이르면, 선(禪)을 알았다든가, 공안이 통하고 안 통하는 것이 문제가 되지 않는다. 다만 위의 심경을 확실히 손에 넣어야 비로소 견성성불이라고 할 수가 있다.

무엇보다 정직하게, 우둔하게 '무자(無字)' 삼매가 되어 한번 죽어 보라. 숨이 남아 있으면 안 된다. 숨이 끊어질 때까지—.

여기에는 나라는 존재도 없고, '무자(無字)'도 없고 참선도 없고 도량(道場)도 없다. 텅 비어 한 장의 거울이다. 아니 그것도 없다. 이런 경지가 손에 들어 올 때 '직지인심 견성성불(直指人心 見性成佛)'이다. 우리들의 수행의 목적이다. 이 목적에 달하도록 노력하지 않으면 안된다.

대체 선(禪)은 영웅적인 기풍을 조성한다. 한 주먹으로 황학루를 쳐부순다는 말도 있고, 한 입에 양자강 물을 들이킨다는 말도 있다. 요는, 허공이니 태허니 하는 것들까지도 한 손아귀에 쥘 수 있는 기개이니 말이다. 이런 입장에 서면 범(凡)·성(聖)을 초월하니 통할 길이 없다. 그러나 일단 통치 못하는 경지에 이르면 다시 어딘들 통치 못할 곳이 있겠는가! 소위 '무문(無門)'이다.

부처님 입멸 직후 경전을 결집하는 데 십대 제자가 모였다. 그런데 아난이 깨치지 못했기 때문에 참여 못했다. 그래서 몇 날 밤·낮을 가리지 않고 좌선한 결과 깨쳤다. 결집장에 달려가 문을 두드렸다. 누구냐고, 밤이 이미 늦어 문을 열 수가 없으니 그대가 깨쳤다면 자물쇠 구멍으로 들어오라고 하기에, 아난이 자물쇠 구멍으로 들어갔다는 일화가 있다. 자물쇠 구멍이 아니라 바늘귀 구멍에도 자유롭게 드나들 수 있다. 이는 기적이나 신통력이 아니다. 언구(言句)에 걸리지 않으면 가능하다. 깨친 사람은 언구에 걸리지 않는다.

교교한 달이 자기가 앉은 창 앞을 비출 때, 서늘한 바람이 솔솔(颯) 불어 한층 기분이 좋다. 이러한 경지에 있을 때 돈도 필요 없고 명예나 고관 대작의 자리가 부러울 것이 어디 있겠는가! 범(凡)·성(聖)을 초월한 경지이니 말이다.

아침에 직장에 일제히 출근(朝宗)하듯이 백천이 굽이굽이 흘러 바다에 들어간다. "만법귀일(萬法歸一)"이란 말을 선가에서 흔히 쓴다. 즉 삼라만상이 하나하나 개별로 보이지만 결국은 하나라는 것이다. 왜냐하면, 어느 물체를 막론하고 사대 원소로 구성되어 있기 때문이다. 또 네모난 책상과 둥그런 밥상은 모양도 다르고 이름도 다르지만 그들의 본체는 나무로 만든 것이라는 점에 있어서는 똑같다.

하나 덧붙일 것은 한강물, 낙동강물, 금강물들이 모두 흘러 바다에 들어간다. 그런데 바다에 들어가서 나는 한강물이다. 너는 낙동강물이고, 너는 금강물이라고 한강물이 뻐기지 못한다. 세 강물이 지상에서는 각각 다르지만 바다에 들어가면 그런 구별이 없어진다. 모두 바닷물에 융합되어 개별의 자취를 잊어버린다.

일추격쇄대허공(一鎚擊碎大虛空) : 하늘을 한 방망이로 쳐부순다고 하니, 절대 '무(無)'의 '정위(正位)'를 말한 것이다. 즉 성(聖)도 다시 부정하여 초월한 경지다. 대체 선(禪)은 영웅적인 기풍을 조성한다. 한 주먹으로 황학루를 쳐부순다는 말도 있고, 한 입에 한강수를 들이킨다는 말도 있다. 요는 허공이니 대공이니 하는 이들까지도 한 손아귀에 쥘 수 있는 기개(氣槪)이니 말이다. 이런 입장에 서면 범·성(凡聖)을 초월하니 통할 길이 없다. 그러나 일단 통치 못하는 경지에 이르면 다시 어딘들 통치 못할 곳이 있겠는가! 소위 '무문(無門)'이다.

명월당전풍삽삽(明月堂前風颯颯) : 교교한 달이 자기가 앉은 창앞을 비칠 때 서늘한 바람이 솔솔 불어오니 한층 기분이 좋다. 이러한 처지에 있을 때, 돈도 필요없고 명예나 고관대작의 자린들 부러울 것이 어디 있으랴! 범·성(凡聖)을 초월한 경계의 말이다.

조종(朝宗) : 아침이면 관청에 일제히 출근하듯이 백천의 강물이 굽이굽이 흐르지만 결국은 바다로 들어간다. '만법귀일(萬法歸一)'이란 말을 선가에서 잘 쓴다. 삼라만상이 하나하나 개체로 보이지만 그것이 결국은 하나라는 뜻이다. 어느 물체를 막론하고 사대 원소로 구성되어 있기 때문이다. '조종(朝宗)'은 원래 신하들이 무슨 일이 있을 때 임금을 뵈올려고 한 곳으로 모인다는 데서 나온 말이다.

9. 반목환원(返木還元)

본래로 돌아간다.

⑨. 반본환원(返本還元)

[序]

[원문]

本來淸淨하여 不受一塵이로다 觀有相之榮枯하고
본래청정   불수일진   관유상지영고

處無爲之凝寂하니 不同幻化豈假修治리요,
처무위지응적   부동환화기가수치

水綠山靑하니 坐觀成敗로다.
수록산청   좌관성패

[역]

본래 청정하여 한 티끌도 받지 않는다. 유상(有相)의 영고성쇠를 보고 무위(無爲)의 응적(凝寂)에 이르니, 환화(幻化)와 같지 않으므로 어찌 수치(修治)를 가(假)할 것인가. 수록 산청하여 앉아서 성패를 본다.

[해설]

이 단계는 본래의 되돌아옴을 나타낸 것이다. 우주의 근원을 어디에 둘 것인가? 이것이 우리 인생에 있어서 중요한 문제다. 종교는 보통 우주의 근원을 '신(神)'이라고 한다. 기독교에서는 신(神)이 천지를 창조했다고 한다. 만물은 신(神)의 의사에 따라 움직인다고 한다.

불교의 정토문(淨土門)에서는 아미타여래(阿彌陀如來)가 우주의 근원으로 우리들의 존재는 아미타불의 본원에 돌아간다고 하고, 또 불교의 학문으로 말하면 우주의 근원, 우주의 본체는 '진여법계(眞如法界)'라고 말하고 있다.

오늘의 과학에서는 우주의 근원은 '원소(元素)'이고, '원자(原子)'이고, '에너지'라고 한다. 즉 우주의 근원이 물질이라는 것이다. 철학에서는 우주의 근원은 '심(心)'이므로 유심론(唯心論)이 되고, 물질이라고 하면 유물론(唯物論)이 된다. 이러한 견해에서 각기의 인생관이 달라져 나온다.

그러면 선종(禪宗)에서는 어디에 근원을 두는가? 앞 단계인 '인우구망(人牛俱忘)'이다. 나도 없으려니와 소도 없다. 즉 일원상(一圓相)이다. 아무 것도 없는 청정무구(淸淨無垢)한 심(心)에는 나와 세계의 대립도 없다. 따라서 인생관을 어디에 근본을 두느냐 하면, 어느 면에 두어도 좋다. 목적이라든가 방향이라든가 하는 것이 조금도 없다. 아무 것도 없는 심(心)이 우주와 하나가 된 데 근원이 있다. 그런데 심(心)이란 존재가 어디에 있어서가 아니다. 사람의 신체를 샅샅이 해부해 보아도 심(心)을 발견해 낼 수는 없다. 다만 대

명사로 쓸 뿐이다.

　시간과 공간을 초월하고, 나와 우주가 하나가 된 때 이가 근원이다. 소위 꽃이 있고 누대(樓臺)가 있다는 소식이다. 나의 마음에는 아무 것도 없다. 그 마음이 우주와 하나다. 한 치의 거리도 없다. 이러한 근원의 움직이지 않는 영원한 것을 깨쳐가는 것이다. 절대 움직이지 않는 것을 깨쳐가는 것이다.

　세계를 창조한 신(神)이 존재한다고 믿지 않을 수 없는 우주관과는 다르다. 세계를 구성하고 있는 것은 무어라 해도 '물(物)'이 아닌가 하는 이론도 서지 않는다. 단순히 물(物)을 만들어냈다고 하는, 근거가 없는 유심론(唯心論)도 아니다. 우주의 본체는 '진여법계(眞如法界)'라는 단순한 설명도 아니다.

　아무 것도 생각하지 않는 청정(淸淨)한 심(心)이, 우주와 하나가 된 곳으로 돌아가는 것이 '반본환원(返木還元)'이다. 이것이 제 9의 단계다.

　본래 청정하여 티끌 하나 묻지 않는다. '내외타성일편(內外打成一片)'이다. 천지와 내가 하나가 된 청정무구한 곳에는 본래 청정하여 티끌 하나 묻지 않고 있다. 육조 대사가 깨친 경계를 "본래 무일물인데 어디에 때가 낄 것인가!"라고 절규하였다. 금강산에 들어가 금강산과 자기가 하나가 되면 청정하다. 금강산을 보고 야! 경치가 참 좋다고 생각하면, 그로서 때가 묻는다.

있다고 생각해도 때가 묻고 언제부터 이렇게 좋은 경치가 조성되었을까라고 생각해도 때가 묻는다. 아무 것도 생각하지 말고 금강산과 자기가 하나가 되어 아! 경치가 좋다고 탄성을 울릴 때가 일진(一塵)도 묻지 않는 데다.

유상(有相)의 영고(榮枯) : 모양(姿)이 있는 객관적 세계가 변이하는 것을 말한다. 무위(無爲)의 응적(凝寂)이란 아무 것도 없는 거울과 같은 심경을 말한다. 이를 거꾸로 읽으면 "무위(無爲)"의 응적(凝寂)에 처(處)하여 유상(有相)의 영고(榮枯)를 관(觀)한다"로, 분별이 없는 마음으로 변해가는 현상세계의 자세를 그대로 본다. 그러한 깨끗한 마음으로 어떤 데도 거리낌 없이 고요히 바라보면, 선(善)도 없고 악(惡)도 없다. 손해도 없고 이득도 없다. 미움도 없고 귀여움도 없다. 거울에 비추는 것과 같이 그대로 세계의 모습을 비추는 것이 깨친 사람의 경계다.

환화(幻化)에 같지 않으므로 어찌 수치(修治)를 빌 것인가? 이 세상은 도깨비 장난과 같다. 꿈과 같고 거품과 같고, 이슬과 같다고 했다. 경에 설하기를, 이 세상은 무상(無常)하여 시시각각으로 변화해 간다. 정말 진짜란 하나도 없다. 전부가 가체(假體)다. 이러한 무상의 세계이므로 이를 상대하지 않고 자기만 구제되면 그만이라는 소승불교와는 달리, 깨친 눈을 열면 무상의 세계 그대로가 부처의 세계다. "환화(幻化)와 같지 않다." "어찌 수치(修

治)를 빌 것인가!" 수리(修理)하고, 상한 데를 고쳐도 그대로가 부처. 깨친 눈으로 보면 '생·노·병·사(生·老·病·死)'의 세계가 모두 그대로 진실이다.

수록산청(水綠山靑) : 앉아서 성패를 본다. 물은 맑고 산은 푸르다. 있는 그대로가 세계의 절대다. 본분의 가산(家山)이다. 보이는 그대로 보라. 보이는 그대로만 아니다. 무엇을 봐도 아름답다. 무엇을 봐도 진실이다. 이렇게 눈이 열리는 것이 반본환원(返本還源)이다. "여산(廬山)은 연우(烟雨), 절강(浙江)은 조(潮)." 자연 그대로다. 천하의 절경인 금강산도 그 곳에 가보지 않고는 알지 못한다. 그런데 한 번 보고 오면 천하의 절경도 별 것이 아니다. 깨침을 열고 보면 우리가 살고 있는 세계가 정토다. 그대로 천국이다. 아무 것도 구할 것이 없다. '오료동미오(悟了同未悟)', 즉 깨치고 보니 깨치기 전과 같다는 것이다. 깨치면 뾰족한 수나 있을 듯 생각했지만 그런 것이 아니다. 책상은 역시 책상이고 시계는 역시 시계다. 그러나 깨치기 전보다 책상과 시계가 한층 뚜렷이 보이는 것은 사실이다. 다시 말하면 금은 보석과 같이 보인다는 말이다. 반본환원은 전 단계의 절대 무(無)의 일원상(一圓相)을 다시 초월하여 원래의 현실세계에 되돌아온 경지다. 본(本)이란 중생의 본유(本有)를 뜻하고, 원(源)은 '제불의 진원(眞源)'을 말한다. 중국의 천원 선사가 아직 깨치지 못했을 때 "산을 보니 이는 산이요, 물을 보니 이는 물이다"라고 했다. 그 뒤에 깨치고 선지식을 찾아 친견하고 하나(箇)에 이름에 있어서 "산을 보니 이는 산이 아니고, 물을 보니 이는 물이 아니라"고 했다. 그리고 개(箇)의 처(處)를 얻으면 여전히 "산은 산이고 물은 물이라"고 했다. 도득귀래무별사(到得歸來無別事)란 말이 있다. '본유(本有)의 가산(家山)'에 되돌아와 자수용(自受用)삼매로 활약한다. 자수용은 산은 산이고 물은 물이라는 것을 말한다. 여기가 '반본환원(返本還源)'이다.

처음에 "산이 산이 아니라"고 한 것은 전 우주를 한 덩어리로 뭉친 때의 경계고, "산은 산이라"고 한 것은 뭉쳤던 것을 푼 때의 경지다. 전자를 평등(본체)이라고 하고, 후자는 차별(현상)을 가리킨 말이다.

선(禪)은 일단 하나로 뭉쳐야 하며, 그러면서도 그 뭉친 자리에 주저앉아서도 안 된다. 이것이 선(禪)의 전체관이다.

'도득귀래무별사　노산연우절강조(到得歸來無別事　盧山烟雨浙江潮)'라는 말과 같이 깨치고 보니 별 것이 아니었다. 여전히 노산에 안개가 자욱하고, 절강에는 파도가 철썩철썩 치더라는 말이다. 만약 깨친 뒤에 노산에 안개가 끼지 않고 절강에는 파도가 치지 않는다면, 해가 서쪽에서 뜨고 하늘과 땅이 뒤바뀌는 것과 마찬가지일 것이다.

원래 청정한 우리들의 본성을 번뇌나 망상이 일어날 리

가 없다. 즉 '정·구(淨垢)'를 초월한 절대 청정한 것이었다. 그러니까 본래는 아침 이슬방울과 같이 깨끗한 것이어서 수행할 것도 없지만 태어나면서부터 사회악에 물들고 보니 이 때를 씻지 않을 수 없는 처지에 이르고 있다.

유상지영고(有相之榮枯)란 생멸 변화가 끊임없는 유전(流轉)의 세계에 있어서, 영고성쇠는 막을 수 없다는 사실을 말한다. '삼대 가난 없고 삼대 부자가 없다'는 속담은 익히 아는 바이다. '생자필멸 회자정리(生者必滅 會者定離)'라고 했다. 그리고 돈은 돌고 도는 것이라고 했으니, 이 세상에는 고정불변이라곤 약에 쓰려고 해도 찾아볼 길이 없다. 태양은 물론 지구나 유성들도 시시각각으로 변화한다는 것은 현대 과학을 통해 이미 잘 알려진 부인 못할 사실이다.

무위지응적(無爲之凝寂)의 '위(爲)'는 행위 혹은 조작이란 말이다. '무위(無爲)'니까 아무 일 없이 무심하다는 행동이다. '응적(凝寂)'은 두 글자 다 고요하다는 뜻으로 쓰인다. 일체의 행동이 조작 없이 행한다는 뜻이다. 즉 사물과 하나가 되어 사물도 없고 자신도 없으니 고요하다는 표현한 것이다. 무심히 행동한다는 것은 맵고, 달고, 쓰고, 싱겁다는 것을 원래의 본성에서는 인정하지 않으므로 이 경지에 이른 사람은 쓰면 쓴 대로 짜면 짠 대로 싱거우면 싱거운 대로 먹으니 무심하다고 한 것이다.

옛날 두 형제가 다 명사(名士)로 이름 높았다. 형이 아침에 일찍 볼 일이 있어서 가정부보고 내일 아침 식사를 일찍 해달라고 부탁했다. 일찍 일어나 주는 밥상을 받아 먹고 외출했다. 아우가 늦잠 자고 일어나 국을 마시니 국에 간이 들지 않았다. 가정부를 불러 왜 국에 간이 들지 않았느냐고 야단쳤다. 가정부가 어쩔 줄 몰라, 큰일났다고. 형님께서 아침밥을 일찍 지어달라기에 급한 나머지 국에 간을 맞추는 것을 잊었다고, 이것을 어떻게 하면 좋으냐고 발을 동동 구른다. 그래, 형님 무어라고 안 하더냐? 아무 말씀도 없이 맛있게 잡수시더라고 하니, 동생이 무릎을 탁치며 과연 형님은 훌륭하시다고 찬탄했다는 일화가 있다. 이것이 소위 '무위(無爲)'의 경지인 것이다.

환화(幻化) : 일체 세간은 가유(假有)이다. 허수아비와 같다는 말이다. 가체(假體)이므로 필경은 '공(空)'이다. 그러나 '부동환화(不同幻化)'란 다만 세상사를 허수아비로만 보서는 안된다는 것이다. "무위(無爲)의 응적(凝寂)에 처(處)하고 유상(有相)의 영고(榮枯)를 본다"는 입장은 잘 살고 못 살고, 지위가 높고 낮은 그 자체가 곧 불법의 실상이므로 환화(幻化)와 같지 않다고 한 것이다. 평등체에서 볼 때, 즉 하나로 뭉친 때에는 환화라는 말조차 성립될 수 없지만 차별계에서 볼 때, 즉 뭉쳤다 푼 때에 있어서는 부귀·빈천·고하·장단 등의 모든 현상계가 또한 불법의 당체가 아닐 수 없기 때문이다. 바꾸어 말하면,

진리 문제를 다룰 때에는 평등과 차별 관계를 정확하게 파악하지 않으면 아니 된다.

수치(修治) : 수행 또는 수양, 나아가서 도야(陶冶)의 힘을 말한다. 수행이니 수양을 빌지 않는다는 말은, 원래 갖추어 있는 덕용(德用)을 수행하거나 수양할 필요가 없다는 얘기다. 그러나 우리들이 배우지도 않고 스스로 알기란 천재가 아니고는 어려운 일이다. 사람은 나면서부터 배운다. 그리고 죽을 때까지 배워야 한다.

어떤 젊은 부인이 선생님을 찾아서 묻기를,

"아기가 네 살인데 어떻게 교육시켰으면 좋겠습니까?"

선생은 깜짝 놀라며

"그러면, 부인은 아기가 네 살 되도록 아무런 교육도 시키지 않았단 말입니까?"

"네, 그랬습니다."

"교육이란 따로 있는 것이 아니고 젖 먹고 오줌, 똥 사는 것들이 모두 교육입니다."

고 대답했다.

그러니까 주부가 반찬 만드는 것, 걸레질하는 것들을 모두 지식으로 보면, 우리들 평시의 전부가 수양이고 수행이 된다.

성패(成敗) : 지고 이긴다는 말인데 여기서는 천차만별이 변화하는 상태 그대로가, 즉 수록산청(水綠山靑)의 구원(久遠)의 본래 자세를 가리킨 말이다. 물은 맑고 청산은 푸르고 한 것이, 우주의 생성년대라고 하는 백오십억 년 전이나 지금이나 마찬가지다. 물이나 산도 시시각각으로 변이 변화하지만, 변화하면서 다시 제 자리로 되돌아오는 원칙은 현대과학이 관하는 한 부인할 수 없다. 이 원칙을 불교에서 윤회(輪廻)라고 했다.

〔頌〕

〔원 문〕

返本還源已費功하니 爭如直下若盲聾가
반 본 환 원 이 비 공   쟁 여 직 하 약 맹 롱

庵中不見庵前物하니 水自茫茫花自紅이로다.
암 중 불 견 암 전 물   수 자 망 망 화 자 홍

〔역〕

본래에 돌아오고 보니 이미 공(功)을 허비했다. 어찌(爭如) 직하에 맹롱(盲聾)됨만 같으리. 암중(庵中)에서는 보이지 않는 암전(庵前)의 물(物). 물(水)은 스스로 잔잔히 흐르고, 꽃은 스스로 붉다.

〔해 설〕

본래에 돌아가기 위하여 이 때까지 무한히 애썼다. 소를 찾아 집을 나가 발자국을 발견하고, 소의 모습을 보고 소를

붙잡아 겨우 길러 그를 타고 집에 돌아왔다. 더욱이 소를 잊었고 나도 잊어서, 원래의 본가에 돌아왔다. 생각해 보니 참 우스운 일이었다. 쓸데없는 고생을 죽도록 했기 때문이다. 본래 불성을 지니고 있는 줄 모르고 소(불법)를 구하느라고 그처럼 애쓰고 한 것이 미친 수작으로밖에 보이지 않는다. 그러나 애쓰고 또 애쓴 보람이 있어서 자유자재(自由自在)한 몸이 된 것을 한없이 기뻐한다.

그렇게 애쓸 것 없이, 결국 이대로 좋은 것을! 이대로 좋은 것이라면 애쓰고 수행할 것 없었다. 처음부터 장님이나 귀머거리 기분으로 있었으면 좋았을 것을. 장님이 보는 데 집착하지 않고, 귀머거리가 듣는 데 집착하지 않는 것과 같이 보는 것, 듣는 데 걸리지 않고 있으면 수행은 필요하지 않다. 본래 청정무구한 마음을 나면서부터 가지고 있다. 아무 것도 생각지 않으면 수행할 필요가 없다.

창문을 닫으니 밖에 무엇이 있는지 보이지 않는다. 육근문(六根門) 즉 안·이·비·설·신·의라는 여섯 가지 문이 있는데, 그 문을 닫고 아무 것도 생각지 않는 거울과 같은 마음이라면 본래 청정한 것이다. 그런데 창을 열고 밖을 보면, "물은 스스로 망망(茫茫)하고, 꽃은 스스로 붉다." 이와 하나가 되어, 보는 세계와 보이는 세계가 혼연 일체가 되는 것을 안다면, 자연의 세계가 그대로 진실이다. 이런 세계가 반본환원(返本還源)이다. 전 단계의 일원상(一圓相)과는 표리(表裏)가 된다 아무 것도 없는 일원상이 뒷등이라면,

매화꽃이 피고 물이 흐르는 반본환원은 표면이다. 표리이면서 그것이 한 장이라는 것을 잊어서는 아니 된다.

이비공(已費功) : 애쓰고 수행하지 않고 그 맛을 볼 수는 없다. 산에 묻힌 옥(玉)도 갈아야만 광채가 나고 낙락장송 큰 나무도 깎아야만 동량된다고 했으니 어찌 수행하지 않고 소(본분)를 찾을 수가 있겠는가! 부처님도 보리수 밑에서 6년간 고행한 결과 깨쳤다고 하지 않는가!

직하약맹롱(直下若盲聾) : 아기를 업고 아기를 찾는 격이라는 뜻이다. 소위 능견소견(能見所見)을 넘어서 보고도 못 보는 장님과 가고, 능문소문(能聞所聞)을 끊은 귀머거리와 같았으면 도리어 좋았을 것을! 그렇다고 해서, 장님이나 벙어리가 돼서는 활용의 길이 트이지 않는다. 만약 일상생활에 반영시켜 활용 못하는 것이라면 애쓰고 공부할 필요가 없을 것이다.

암중불견암전물(庵中不見庵前物) : 중국의 건봉 스님에게 운문(雲門)이 묻기를 "암내(庵內)의 사람이 무엇 때문에 암외(庵外)의 일을 모르느냐고?" 암중은 즉 본래의 '나'다. 천지 만물 어느 하나가 나 아님이 없다는 뜻이다.

수자망망화자홍(水自茫茫花自紅) : 한강물은 천 년 만 년 쉬지 않고 흐르고, 복숭아 꽃은 언제든지 똑같이 붉다. 이것이 "직하(直下)에 맹롱(盲聾)과 같다"는 무공용(無功用)의 소식이다.

〔和〕

〔원문〕

靈機不墮有無功하니　見色聞聲豈用聾가
영 기 불 타 유 무 공　　견 색 문 성 기 용 롱

昨夜金烏飛入海하니　曉天依舊一輪紅이로다.
작 야 금 오 비 입 해　　효 천 의 구 일 륜 홍

〔역〕

영기 유무의 공(功)에 떨어지지 않으니, 견색(見色) 문성(聞聲) 어찌 농(聾)을 쓸 것인가. 작야금오(昨夜金烏) 날아 바다에 드니, 효천(曉天) 본래대로 둥근 해가 붉다.

〔해설〕

하늘을 나는 새에는 발자국이 없다. 아무런 흔적을 남기지 않는다. 요즘 비행기가 수없이 날면서 자국을 남기지 않는 것과 같다. 이렇게 뒤를 남기지 않는 것이 불법이다. 불법(佛法), 비불법(非佛法), 이를 불법이라고 한다. 이런 것을 신앙하지 않으면 안된다든가, 부처를 참배하지 않으면 안된다든가, 이것만은 지키지 않으면 안된다는가 하는 규약(規約) 같은 것은 불법에는 하나도 없다. 본래의 본심을 알기만 하면 된다. 이것이 불법이다.

불법에는 아무 흔적도 없다. 그 흔적이 없는 마음으로 본래의 산을 바라보면 소나무는 푸르고 꽃은 붉다. 심(心)이란 아무 것도 없는 것이다. 본래 청정한 것이라고 알면, 본래의 산이 그내로 실재(實在)다. 자기가 그대로 '불'이다. "적멸현전(寂滅現前)이므로 여기가 바로 연화국(連華國)이고, 이 몸이 즉 불이다."

영기(靈機)란 우리들의 본성을 말한다. 불성의 무어라고 말할 수 없는 영묘 불가사의한 활용을 가리키며, 유무·미오(迷悟)를 초월한 때다. 무(無)에도 치우치지 않고, 유(有)에도 편재하지 않으므로 유·무의 공에 떨어지지 않는다고 했다. 선(禪)을 닦는 사람들이 잘못하면 공에 떨어지기 쉬우므로 그것을 경계한 말이다. 요는 유·무를 초월하여 무도 없으려니와 유도 없다는 경지에 이르러 비로소 영묘한 활동이 가능하다는 것이다.

기용롱(豈用聾)은 자성의 영묘와 움직임은 사물을 보고, 소리를 들을 때도 이원상(二元相)을 떠난 능소(能所)를 넘어서 보지 않고도 보며, 듣지 않고도 들을 수 있으므로 농(聾)할 필요가 없다는 뜻이다. 이 말은 꽃을 보고 그 꽃과 하나가 될 때, 꽃도 없고 자신도 없다는 뜻이다.

이러한 입장이라면 듣고도 못 듣는 것이고, 보고도 못 본 것과 마찬가지니 귀머거리가 되고 장님이 된다는 얘기다. 금오(金烏)는 태양을 가리킨 말이다. 태양을 양오(陽烏)

라고도 한다.

효천의구일륜홍(曉天依舊一輪紅)은, 어제 저녁에 해가 바다에 들어 간 것은 '무(無)'를 가리키고, 새벽에 여전히 한 폭의 붉은 태양이 떠올랐다는 것은 '유(有)'를 말한 것이다. 지구가 돌므로 태양이 없어졌다 다시 비추는 것이어서 태양 자체에는 아무런 변동이 없다. 밤이 캄캄하니 가정해서 무(無)라고 했고, 해가 솟으면 밝으니 유(有)라고 했을 따름이다. 다시 말하면 유·무를 절(絶)한 본래의 자기를 표명한 말이다.

[又]

[원문]
用盡機關費盡功하니 惺惺底事不如聾이라.
용 진 기 관 비 진 공　　성 성 저 사 불 여 롱

草鞋根斷來時路하니 白鳥不啼花亂紅이로다.
초 혜 근 단 래 시 로　　백 조 부 제 화 란 홍

[역]
기관(機關)을 다 써서 자기의 공부를 비진(費盡)하니 심지(心地)가 성성(惺惺)하다. 귀머거리와 같지 않다. 신발은 다헤지고, 돌아 오는 길에 백조가 지저귀지 않고, 꽃이 흩어져 붉다.

[해 설]

학인을 지도함에 있어서 조실 스님은 여러 가지 수단방법을 쓴다. 한 사람이라도 깨우쳐 주려고, 학인이 애쓰는 이상으로 노력한다.

옛날 중국의 어느 조실 스님은, 학인이 찾아오면 문을 삐죽이 열고 얼굴 한 번 쳐다보고 문을 탁 닫는 수단을 써 왔다. 하루는 어떤 학인이 스님을 뵈려고 하니 여전한 수작이었다. 그래서 하루는 스님이 문을 삐죽이 열 때 한 발을 문 안에 들여 놓으니, 문을 탁 닫는 찰라에 학인은 다리가 문에 끼어 "아이구 아퍼—" 하고 비명을 울리는 순간 깨쳤다고 한다. 이런 작략(作略)이 학인을 깨치게 이끄는 수단이다.

기관(機關) : 그 사람의 근기에 따라 여러 가지 수단을 써서 학인을 유도하여 깨치게 한다는 말이다.

비진공(費盡功) : 모든 힘을 다하여 공부했다는 말이다. 조실 스님이 온갖 수단을 다 쓰려니와 학인은 목숨을 걸고 수행한다는 말이다. 소위 신명(身命)을 버리고 덤벼들지 않고는 안되는 것이 선(禪)의 수행이라고 말해 왔다.

성성(惺惺) : 똑똑하다는 말인데, 여기서는 세지총명(世智聰明)을 뜻하나 역시 깨친다는 말이 제일 적절하다. 그래서 도리어 '노(魯)'와 같고 '우(愚)'와 같다고 했다. 노(魯)자는 '우(愚)'자와 같은 뜻이다. 사람은 늘 자신이 영리한 체하는 습성을 가지고 있다. 이것이 인생 출세의 독이 되고 해가 된다. 사람은 어수룩한 데 참다운 인간의 모습이 엿보인다. "제 도끼에 발등 찍힌다"는 속담이 있다. 무슨 일이든지 다가오는 대로 그것을 자연스럽게 타(乘)면 만사는 순풍에 돛단듯이 순조롭다.

초혜근단래시로(草鞋根斷來時路) : 소를 찾을 때부터 (일단계에서 9단계에까지) 수행의 공을 쌓은 보람이 있어서 본 고장에 되돌아온 감개다. 소를 잊어버리고 사람도 잊어버려 대오철저하였다. 초혜는 다 헤어진 미투리다. 이때까지 소를 찾느라고 이 산 저 산과 개울이란 개울을 다 헤매며 돌아다녔으니 미투리가 성할 리가 없다.

내시로(來時路) : 소를 찾아온 길을 말한다. 이렇게 하여 본래의 제 집에 돌아오니 백조는 지저귀지 않고 꽃은 만발하여 역시 붉다.

어느 하나가 다름이 없이 그냥 그대로다. '부제(不啼)'의 부(不)자는 '새 이름'이라는 글자로도 쓰인다. 그러니까 부제(不啼)는 새가 울지 않는다라고도 볼 수 있지만 야단스럽게 울어댄다는 뜻도 된다. 다시 말하면, 깨치고 보니 새는 지저귀고 꽃은 만발하여 본래대로의 모습이라는 것을 묘사한 말이다.

위에서 깨쳐도 별 것이 아니라고 했지만 이 말은 깨침을 더욱 굳힌 말로 풀이된다. 부처님 이래 수천 수만의 선지식들의 애쓴 결과, 세계에 자랑할 수 있는 문화재가 선(禪)의 밑바닥 힘을 조성되어 오늘날까지 그 빛을 혁혁히 남기고 있지 않은가.

10. 입전수수(入鄽垂手)
시가지에 들어 가다.

10. 입전수수(入鄽垂手)

〔序〕

〔원문〕

柴門獨掩하니 千聖不知라.
시 문 독 엄   천 성 부 지

埋自己之風光으로 負前賢之途轍이라.
매 자 기 지 풍 광   부 전 현 지 도 철

提瓢入市하고 策杖還家하니
제 표 입 시   책 장 환 가

酒肆魚行이 化令成佛이로다.
주 사 어 행   화 령 성 불

〔역〕

울타리 문 닫고 홀로 앉으니 천성(千聖)도 모른다. 자기의 풍광(風光)을 감추(埋)고 전현(前賢)의 도철(途徹)을 저버렸다. 표주박을 차고 거리에 들어가 지팡이를 끌고 집집에 들어가 술집, 생선집 아주머니들을 교화하여 성불하게 한다.

〔해 설〕

　십우도(十牛圖)는 이 단계로 끝난다. 처음 소를 찾아 나서니, 소의 발자국을 발견했고, 다음 소를 봤고, 소를 손에 넣어, 다음 소를 길들여 소를 타고 집에 돌아오니 소는 없어지고 자기만 남았다. 제8단계에 와서는 '인우구망(人愚俱忘)'이다. 사람도 소도 잊어버렸다.

　제9단계는 '반본환원(返本還源)'이다. 버드나무는 푸르고 꽃은 붉어, 천지가 그대로 우주의 본원(本源)임을 확실하게 알게 된다. 그리고 제10단계의 입전수수(入鄽垂手)다.

　여기에 포대(布袋)라는 스님이 나타난다. 포대 스님의 정체는 확실하지 않다. 전설에 의하면 중국 명주 봉호현 사람이라고 한다. 이름은 계차(契此), 체구가 비대하여 지팡이를 짚고, 바랑을 지고, 잠자리는 일정하지 않고, 저자거리에 나가 걸식으로 배를 채우고, 사람의 길흉과 청우(晴雨)를 예지하였으므로 사람들은 미륵의 재래(再來)로 그의 상(像)을 그려 전해왔다. 916년 입적했다고 한다.

　중국 절에 가면 불전의 정면에 포대 스님을 모시고 있다. 이 포대 스님은 자기의 신분도 생각지 않고 민중 속에 뛰어들어 중생제도에 게으르지 않았다.

　입전수수(入鄽垂手)다. 전(鄽)자는 거리(도시)라는 글자다. 종로 네 거리에 들어가 손을 드리고(손을 써서) 중생을 제도하는 광경이다. 7단계의 망우존인(忘牛存人)까지는 소

10. 입전수수　213

를 먹이는 목동(牧童)이 있었는데 이 목동이 인우구망(人牛俱忘)에 와서는 없어졌다. 그대신 홀연히 포대 스님이 나타났다. 이 앞의 9단계의 반본환원(返本還源)은 산은 푸르고 물은 흐른다는 자연대로의 세계, 천연 그대로를 긍정한 제법실상의 세계이며, 이가 정토다.

왕생이란 이런 세계에 들어가는 것인데, 이 입전수수는 그로부터 환상회향(還相回向)하여 나오는 장면이다. 처음에 소를 찾아 출발한 동자가, 인우구망(人牛俱忘)이라는 절대의 경지에 들어가 그로부터 나올 때에는 전혀 딴 사람인 포대 스님으로 변하여 나오는 것이다.

우리가 도(道)를 구하여 '무자삼매(無字三昧)'가 되어 견성(見性 〈깨침〉)하면 인우구망(人牛俱忘), 즉 아무 것도 없는 일원상(一圓相)이다.

이렇게 활연대오하면, 보이는 것 들리는 것 모두가 〈無字〉가 된다. 산도 〈無字〉 내도 〈無字〉다. TV도 〈無字〉고, 시계도 〈無字〉다. 어느 하나가 〈無字〉 아닌 것이 없다. 이런 경지에 이르면 전의 동자가 아니고 전혀 딴 사람인 포대 스님이 된다. 다시 말하면, 처음 소를 구할 때는 초심자인 어린 동자였으나 10단계까지 애쓰고 10년, 20년 수행하니 포대 스님인 선지식이 되었다는 얘기다.

고열의 용광로에 광석을 넣은 것과 같아서 벌겋게 녹아지면 거기에서 나오는 것은, 정련(精鍊)된 훌륭한 금덩어리가 되어 나온다. 일원상(一圓相)이 광석을 용해한 것이다. 이로부터 나오면 본래의 동자가 아니다. 환상회향(還相回向)때에는 훌륭한 부처가 되어 나오는 것이다. 친히 조주 스님과 상견(相見)할 뿐 아니라 역대 조사 스님과 손을 맞잡고 함께 걷는다. 조주 스님과 같은 경지가 되어 뛰쳐나온다. 석가나 달마와 같은 심경이 되어 그로부터 뛰쳐나온다. 제1단계로부터 애쓰고 수행해온 동자는 이 10단계에 이르러 선지식인 포대 스님이 되어 출현한다.

이 도에 철저한 심경이라 함은, "벙어리가 꿈을 꾼 것과 같아서 다만 자지(自知)할 뿐" 즉 자기만 알 뿐이고 남에게 알릴 수 없다. 그러니까 문을 닫고 앉으니, 천성(千聖〈여러 성인〉)이나, 석가나 달마라 할지라도 그의 배짱을 알 수가 없다.

울타리(柴) 문을 홀로 잠그고 앉아 있는 것과 같이, 아무 것도 생각할 것이 없는 본래의 면목은 석가나 관음보살도 알지 못한다. 남의 속판을 누가 알 것인가? 아무 것도 없다. 선악·미추의 차별이란 추호도 없다. 깨끗한 일원상(一圓相)과 같은 청정무구, 즉 깨끗하고 티 하나 없는 마음일지라도 그런 내색 없이 원래의 아미타불에 돌아간다. 우(愚)에 돌아가고 화광동진(和光同塵), 즉 빛(光)을 화(和)화롭게 진(塵)에 같이 한다. 이렇게 훌륭한 깨침에 있으면서, 깨쳤다는 것도 놓아버린 데가 "시문(柴門)을 닫고 홀로 앉은 데"다.

철저히 깨쳐도 깨친 체하지 않고 한산(寒山), 습득(拾得)

과 같이 아무 것도 모르는 체 하고 있는 경지다. 한산과 습득 두 사람은 선지(禪旨)를 체달(體達)한 사람들인데 일견 미친 사람과 같은 언행(言行)을 하기에 이런 때 잘 인용되는 인물들이다. 그런데 한산과 습득을 같은 사람으로 보는 이가 많으나 사실은 별개의 인물이다.

"가령 일체장경을 독송할지라도 일자무식의 염불만 못하다" 는 말이 있다. 세계에 있는 책을 모두 독파한 학자라도 학자 냄새를 피우지 말고 일자부지(一字不知)가 되어 염불하라고 했다. 이가 불자의 행할 길이다.

이러한 절대의 경지를 체득하고 있으면서 그 고매한 경지를 잊어버리고, 남루한 옷에 몸을 싸고 종로 네거리에 뛰어든다. 전현(前賢)은 옛날 조실 스님들, 소위 선지식들이다. 이런 분들이 걸어온 길이 도철(途轍)이다. 곽암 스님도 보통으로 보이는 스님은 아닌 것 같다. 거지가 걸어온 발자취건 도인이 걸어온 발자취건 선지식이 걸어온 발자취건 그 길에는 발자취가 남아 있을 것인가? 하나도 남을 것이 없다. 그러나 그 발자취는 천냥 만냥의 값어치가 되는 발자취다 그 자취에 따라 흥망성쇠가 결정된다. 종교도 그러하려니와 국가나 가정도 마찬가지다.

옛날부터 이름난 선지식들은 비단 법의를 입고 금란(金襴)의 가사를 걸치고 위풍이 당당하게 제창(提唱)이니 설법이니 강좌(講坐)니 하여 중생을 제도한답시고 떠들썩했으나 만족할 만한 것은 못 된다. 소위 감언이설로 중생의 행방을 그르치는 경우가 없지 않을까 염려된다. 포대 스님처럼 실천적 포교가 아쉽다.

표연히 표단 하나 차고, 종로 네거리나 명동거리에 나간다. 예쁜 아가씨를 보면 손잡고 담소하고, 막걸리 집에 들어가면 젊은 청년들과 건배하여 담소함을 사양치 않는다. 이러는 중에 일언반구라도 상대에 감명을 준다면 이가 '하화중생(下化衆生)'의 경계다. 이가 포대 스님의 일과다. 피로하면 집으로 돌아간다. 집이란 일정한 곳이 아니다. 나무 아래나 바위 틈이나 닥치는 대로 내 집으로 삼는다.

주사(酒肆)는 술집을 말한다. 포장마차집이나 오뎅집에 들어가서 가사도 벗어 치우고 어행(魚行 ; 생선장사)과 한 잔 마시고 민중과 하나가 되어 얼사절사 노래도 부르며 춤도 춘다. 이렇게 하여 모든 사람을 교화시켜 깨침을 열어준다. 이가 포대 스님의 생태고 곽암 스님의 이상이다.

스님이 계(戒)를 깨뜨리고 술집에 드나들어 색시하고 희롱도 하고, 노래도 부르고, 춤도 추고 하는 것이 깨침이라면 세상 사람이 모두 깨친 사람이란 말인가? 이렇게 하여 중생을 제도한다는 것은 언어도단이 아닌가 하고 의심할 것이다. 그런데 여기서 술집 색시를 껴안고 노래부르고 춤춘다는 것을 그대로 받아들이지 말고, 세상사에 하나도 거리낌 없이 활달하게 행동한다는 것으로 알면 된다. 비단 법의를 입고, 금란 가사를 걸치고, 개미 한 마리 죽이지 않는 얼굴로 깨친 척하고, 삼정승의 사인교를 타고 다는 것은 중으로서는 허하지 않는다.

"물러서라! 어느 스님의 행차다"라는 말을 들어본 일이 있는가? 고려말에 신돈의 행차때 사인교를 탄 화면을 본 일이 있다. (오늘날로 치면 고급승용차로 보면 된다.) 이는 중의 체면을 상실한 행차다. 그만큼 불교가 땅에 떨어진 때로 보면 된다. 옛날 스님들은 황제가 청해도 병을 가칭하고 절대 입궐하지 않았다는 사실을 우리는 잘 알고 있다.

뭐니뭐니 모두 버리고 종로 네거리에 들어가 민중과 하나가 되어 그들을 구제하는 것이 '입전수수(入鄽垂手)'다. 전(鄽)자는 가게·거리·시중이라는 글자고, 수수(垂手)는 손을 드린다는 말인데 여기서는 손을 써서 실천한다는 말이다.

'상구보리 하화중생(上求菩提 下化衆生)'이라는 말이 있다. 수행하여 깨쳤으면 아직 깨치지 못한 사람에게 깨치도록 지도한다는 말이다.

돈을 많이 벌면 남이 알까 쉬쉬하고 감추는 것이 보통인데 선(禪)은 그렇지 않다. 깨치면 어떻게 하든 한 사람이라도 깨우쳐 주려고 한다. 이러한 점으로 봐서도 보통 일과는 다른 데가 있다. 달마는 혜가가 팔뚝을 자를 때까지 돌보지 않았다고 한다.

진실로 진지하고 용맹스러운 지도 방침이라고 하지 않을 수 없다. 선(禪) 지도는 다른 학문 지도와 이러한 점이 다르다.

입전수수(入鄽垂手) : 이타행(利他行)을 말한다. 대 자비심의 행원(行願)에 의하여 화타문(化他門)을 두드리고 나가는 것이다. 즉 화광동진(和光同塵〈속세에 섞여 중생들에게 인연을 맺게 함〉) 하여 유화삼매(遊化三昧)로, 스스로 가는 곳마다 중생을 이롭게 하는 자재(自在)의 생애다. 이것이 불법의 큰 목적이고 보살도의 대강이다.

요는, 깨쳐서 무르익을 대로 익었으면 미련한 중생을 제도하는 것이 당연하다. 그래서 고요한 곳에서 수행을 다 마치고 중생이 우글거리는 네거리에 나와 오가는 사람들을 교화한다.

요즘 절간에서 기복 불교를 일삼지 말고 대중 속에 파고 들어가 교화해야 한다고 뜻있는 이는 이구동성으로 주장하고 있다. 그런데 이 《십우도(十牛圖)》가 가르치듯이 열 단계까지 나누어 완전히 수행을 쌓지 않은 얼치기가 중생을 제도하다간 불법을 그르칠 우려도 없지 않다. 중생을 제도하고 교화할 만한 경지에 이르지 않고는 불가능하다. 이 점이 대단히 중요한 대목이다. 그러니까 도제 양성이 선결 문제가 된다는 얘기다. 얼치기가 중생을 제도한다는 것은 만고에 있을 수 없는 일이다.

시문독엄(柴門獨掩) : 중국의 대지 선사의 게(偈)에 "시비(是非)를 절단하고 백운(白雲) 깊은 곳에 시비(柴扉)를 닫는다"고 한 말과 같이, 깨쳤으면 깨쳤다는 생각도 버리고 본가에 돌아와 가부좌 틀고 아무 것도 구하는 것 없이 자수용삼매(自受用三昧 〈부처님이 스스로 증오(證悟)하신 법락(法樂)을 스스로 수용(受用)하는 경계를 말한다〉)하는 경계를 말한다.

'시(柴)'자는 울타리라고 보는 것이 여기서는 적당하다. 나무로 엮은 울타리 안에 문을 닫고 홀로 앉아 삼세제불일지라도 엿 볼 수 없이 도력이나 위엄이 당당하다는 것을 말한 것이다.

매자기지풍광(埋自己之風光) : 풍광은 경치를 말하나 여기서는 자기의 깨친 광명을 나타내지 않음을 뜻한다. 나타내지 않는다는 말은 깨치고 깨친 체하지 않는다는 말이다. 깨치고 보니 본래 대로인데, 깨친 체할 아무런 건덕지도 없으니 말이다.

부전현지도철(負前賢之途轍) : 도철(途轍)은 수레바퀴 자국이란 말인데, 선배 제현들이 걸어온 발자취를 말한다. 선(禪)의 입장에서 말하면 거동이 얼핏 보기에는 난잡한 듯하나, 도리어 이타행(利他行)을 하는 것이다. 사람에게는 교양미(敎養美)라는 말이 있다. 화려한 의복 차림도 아니고 얼굴은 미남, 미녀가 아니더라도, 그의 언어 동작이 어딘가 남다른 데가 있는 사람이 있다. 즉 수행이 쌓이면 이런 점이 저절로 나타난다.

제표입시책장환가(提瓢入市策杖還家) : 수행이 끝났으니 중생을 제도하기 위하여 종로 네거리에 나타났다. 표주박을 찬 것은 별 의미가 없다. 옛날 스님들은 정병이라고 하여 물병을 차고 다니는 것이 보통이었다. 그리고 석장(錫杖)이란 지팡이를 짚고 다니기도 했다. 지팡이 꼭대기에 방울을 달아 걸을 때마다 짤랑짤랑 소리를 낸다. 이는 살생을 금한다는 데서 시작되었다. 인도는 사철 더운 나라인지라 벌레가 언제나 길가에서 움직인다. 이 방울 소리를 듣고 피하라고 했다. 밟히면 죽으니 피하라는 경종 소리다.

환가(還家) : 고봉 정상에서 독좌(獨坐)하는 소식을 말한 것이다. 즉 종로 네거리에 나와 세속과 어울리며 중생을 제도하는 것이 산중에 홀로 앉아 호법(護法)하는 것과 같다는 뜻이다.

주사어행화령성불(酒肆魚行化令成佛) : 사(肆)는 상품을 진열해 놓은 곳을 말한다. 그러니까 상점을 가리킨다. 주사(酒肆)는 술집, 행(行)은 팔고 사고하는 것을 뜻하므로 주사어행(酒肆魚行)은 술집, 고깃간, 생선가게 등을 말한다. 그들을 모두 깨우치는 것이 화령성불(化令成佛)이다. 이를 뒤집어 말하면 술 먹는 사람이나, 술 파는 아주머니나, 푸줏간에서 고기 자르는 사람이나, 생선가게에서 손님 끄는 것 등이 모두가 불법에 계합된다는 것을 말한다. 그러니까 우리 일상생활 어느 하나가 불법에 계합되지 않는 것이 없다는 결론이 내려진다.

〔頌〕

〔원문〕

露胸跣足入鄽來하니　抹土塗灰笑滿顋라.
노흉선족입전래　　　말토도회소만시

不用神仙眞秘訣하고　直敎枯木放花開로다.
불용신선진비결　　　직교고목방화개

〔역〕

가슴을 헤치고 맨발로 저자 거리로 들어왔다. 흙을 바르고 재투성이로 웃음이 볼에 만면하다. 신선진비(神仙眞秘)의 비결을 쓰지 않아도 마른 나무에 꽃이 피게 한다.

〔해설〕

가슴을 헤치고 신발도 신지 않았다. 감출 것 하나도 없다. 그림과 같이 가슴의 털은 바람에 휘날려 배꼽까지 덥고, 더욱이 맨발로 신개지(新開地)만 따라다닌다. 얼핏 보기에 아프리카 등지의 야만족과 같이 보인다.

너무 장엄한 깨침의 모습을 하면 사람들이 다가서지 않는다.

수행한 체도 하지 않고 학문이 있는 위엄있는 얼굴도 하지 않는다. 얼굴은 흙투성이고 머리에는 재(灰)를 쓴 미치광이같이 입에는 웃음을 띠우고 있다. 그 모습은 무어라고 말할 수 없는 광태다. 웃음이 얼굴에 가득찼다. 입이 찢어지게 웃는다. 이 웃음이 선심(善心)에 돌아가 불성을 자각하는 것이다. 설법을 안 해도 이 스님의 얼굴만 보아도 모두가 저절로 구제된다. 또 한면에는, 깨친 사람은 체면 같은 것은 조금도 개념(介念)하지 않는 경지에 이르렀기 때문에 미치광이라고 하든지 거지라고 하든지 그런 것은 하등 문제시하지 않는다.

수행자(雲水)가 베(麻) 장삼을 입고 떨어진 미투리를 신고 신도 집에 가면 아이들이 이상하게 보며 기뻐한다고 하는데, 이가 우리 사회에서 제일 기쁜 데다. 고기를 사들고 가 보아야 이처럼 기뻐하지는 않을 것이다. 남을 기쁘게 하는 것처럼 좋은 일은 없을 것이다. 곽암 화상은, 2천년 앞 현대를 예언하고 있는 것이 아닌가? 떨어진 누더기 옷 입고 거리에 들어가 찻집아가씨 커피를 마시고, 이웃 사람과 담배를 나누어 피우고, 따라서 남을 적대시하지 않는다. 그리고 경원하는 일이 없다. 누구를 보고도 흐르는 웃음소리에는 자연히 감화가 된다.

아무리 얼굴이 웃어대도 눈에 웃음을 띠지 않으면 진짜 웃음이 아니다. 세상에는 가짜 웃음도 많다. 동물도 진짜 웃음과 가짜 웃음을 구별한다고 한다. 먼저 사람의 눈을 본다. 그 눈이 적시(敵視)하는 눈이라면 아무리 웃어도 다가서지 않는다. 개나 고양이 같은 미천한 동물도 이러한 분위기는 알고 있다. 하물며 인간은 가짜 웃음에는 홀홀히 넘어가지 않는다. 눈에 웃음빛이 보이면 이는 마음으로 웃는다는 증거고, 입을 시죽대는 웃음은 가짜 웃음이라는 것이다. 이 포대 스님은 언제든지 눈으로 웃으며 상대를 대한다.

신선(仙)이나 신통력을 가진 사람의 비전(秘傳)을 구태여 쓰지 않아도, 눈으로 살며시 웃는 청정한 마음이야말로 인생에 빛을 비쳐 줄 것이다. 기적을 설하는 것이 아니다. 다만 웃을 뿐이다.

일가가 자살하려던 주부가 이 스님을 한 번 만나고 재생의 감화를 얻었고, 추운 거리의 군고구마 장사도 이 스님을 만난 후 훌륭한 사업가가 되었고, 깡패도 이 스님과 술을 마시는 순간 훌륭한 청년이 되었다. 설교할 필요도 없고, 의견을 퍼뜨릴 것도 없고, 교리를 강의하는 것도 아니지만 포대 스님이 민중 가운데 들어가 히죽 웃는 것만으로 상대가 모두 고목(枯木)에 꽃이 핀 것과 같이 생기에 차게 된다.

노흉선족(露胸跣足) : 아무 것도 걸치지 않은 알몸뚱이, 즉 천진난만한 모습이다. 여기서는 맵씨를 생각지 않고, 아무렇게나 되는 대로 입고 종로 네거리를 돌아다닌다는 말이다. 화려하게 입은 신사 숙녀들만 오락가락하는 명동에 거지 같은 모습을 조금도 생각지 않는다.

말토도회(抹土塗灰) : 머리에는 재를 뒤집어 쓰고, 발에는 흙투성이 시골 농사꾼 할아버지와 같은 모습으로 세속에 섞여 '하화중생(下化衆生)'의 이타행(利他行)을 행한다는 뜻이다. 특히 요즘 사람은 양복바지에 줄이 구겨질세라 신경을 쓰는 이도 있고, 양단 두루막이에 주름살이 질세라 이리 피하고 저리 몸부림하는 여인들을 흔히 본다. 이런 데까지 신경을 쓰니 신경쇠약에 걸리지 않을 수 없는 일이다.

불용신선진비결(不用神仙眞秘訣) : 고원한 이론이나 불가사의한 비술이 필요하지 않다. 신선은 이슬(안개)을 먹고 살고 무지개를 타고 하늘을 난다고 하나, 선(禪)에서는 그런 비술을 배척한다. 위에서 본 바와 같이 생선장수가 손뼉치며 장사하는 것이 불법에 계합된다고 했으니 신선술 따위는 문제시 되지 않는다. 선(禪)은 자고, 깨고, 먹고, 일하는 외에 어떠한 비술도 인정하지 않는다.

고목방개화(枯木放開花) : 기사회생(起死回生) 전미개오(轉迷開悟)라는 말이 있다. 기사회생(起死回生), 즉 죽을 사람을 살린다는 뜻이고, 전미개오(轉迷開悟)는 미련한 중생을 깨우친다는 뜻이다. 소위 듣고도 못 듣고, 보고도 못 보는 중생을 깨우쳐 참다운 생활을 하게끔 한다. 인간개조라는 말이 있다. 우리는 원래가 구족원만하여 티끌 하나 없는 청정한 몸이건만 무명(無明)에 덮여 본래의 인간성을 저버리고 있다. 그래서 이를 되찾는 활동을 수행이라고 한다. 수행은 좌선공부를 말한다. 좌선공부 아니고는 어떠한 수단으로도 본성을 되찾을 수 없다. 따라서 마른 나무에서 꽃을 활짝 피운다고 했다. 그래서 선(禪)

은 인간개조라고 일컬었다.

[和]

[원 문]
者漢親從異類來하니 分明馬面與驢시라.
자 한 친 종 이 류 래   분 명 마 면 여 로

一揮鐵棒如風疾하여 萬戶千門盡擊開로다.
일 휘 철 봉 여 풍 질   만 호 천 문 진 격 개

[역]
자한(者漢) 몸소(親) 이류(異類)로 오니 분명하다. 마면(馬面)과 노시(驢顋)라. 철봉을 한 번 휘두름이 바람 달리듯 하여 만호천문(萬戶千門) 모두 격개(擊開)한다.

[해 설]
수수(垂手)는 중생을 제도한다는 말이다. 버려진 사람, 짓밟힌 사람, 돌보지 않는 사람, 이렇게 외로운 사람들과 손을 잡고 담소하는 장면이 입전수수(入鄽垂手)다. 다만 자기의 심경은 천국(天國)에 있으면서 손은 지옥에 드리우고 있다. 아귀도(餓鬼道)에 손을 내밀고 있다. 따라서 고목에서 꽃 피듯이 죽은 사람이 회생한다.

처음 소를 찾고, 발자국을 발견하고, 소를 보고, 소를 붙잡아 길러 애쓰고, 수행해 온 것은 누구든지 최후의 생활이다. 이러한 경지가 아니어서는 안된다. 이 세계가 정토이고 자기가 불이라는 최고의 깨침을 열었다면 고민하는 사람, 고생하는 사람, 이러한 사람들을 위하여 사회의 구석구석까지 파고 들어 이대로가 정토임을 깨우쳐 주지 않아서는 안된다. 이 불광(佛光)을 골고루 베풀어 주는 것이 십우도(十牛圖)의 최후의 목적이다. 그런데 하나 덧붙일 것은 완전히 수행을 끝내 대오철저한 사람이 아니고 얼치기가 종로 네거리에 나와 흉내를 낸다면 이는 위험천만이라는 것을 알아두어야 한다.

자한(者漢) : 수행자를 자한이라고 부른다. 선가(禪家)에서 이 놈, 저 놈 하는 말을 흔히 쓴다. 이는 아집(我執)을 떼기 위함이다. 선방 청규(淸規)가 엄격한 것도 역시 아집을 떼기 위한 방법으로 알면 된다.

이류(異類) : '이류중행(異類中行)'이란 말이 있다. 다른 족속 가운데 가서 자유 무애의 기략(機略)을 써서 자유로이 화도(化度)하는 것을 말한다. 여기서 이류는 깨친 사람과 깨치지 못한 사람을 구별한다. 가슴을 헤치고 맨발에다 머리에는 재를 뒤집어 쓰고, 발은 흙투성이로 종로 네거리를 쏘다니니 남 보기에는 '이류(異類)'의 족속으로 보이지 않을 수 없다. 그러나 그 사람 자체는 이류이건 동류이건 상관할 것 없다.

마면여로시(馬面與驢顋) : 말상 같고 노새 볼따구니 같은 이류의 모습을 말한다. 이 이류는 물론 포대 화상을 가리킴은 두말할 것도 없다.

사람 생긴 모양이 말 대가리 같고 노새 턱같이 생기기는 했으나 그 심정은 동지 섣달 꽃보다도 더 아름다우리라.

일휘철봉여풍질(一揮鐵棒如風疾) : 한번 질풍과 같이 철봉을 휘두르다는 뜻으로 중생제도의 활수단을 말한다.

만호천문진격개(萬戶千門盡擊開) : 서울 장안에 천여 호의 대문이 활짝 열렸다. 즉 철창을 굳게 닫았던 어느 집 할 것 없이 문이 모두 열렸다. 도둑이 한 사람도 없이 싹 사라졌다 자한 즉 포대 화상이 가는 곳에는 그의 교화로 제도되지 않는 집이 없다는 상황을 말한 것이다.

〔又〕

〔원문〕

袖裏金槌劈面來하니　胡言漢語에　笑盈顋라.
수 리 금 추 벽 면 래　　　호 언 한 어　　소 영 시

相逢若解不相識하니　樓閣門庭이　八字開로다.
상 봉 약 해 불 상 식　　　누 각 문 정　　팔 자 개

〔역〕
　　수리(袖裏)의 금추(金槌), 벽면(壁面)에 오니 호언한어 웃음

이 볼에 가득찼다. 서로 만나 알지 못함을 서로 이해하면 누각문이 팔자(八字)로 열리리라.

[해 설]

수리금추벽면래(袖裏金槌壁面來) : 이 귀는 의의(擬議)를 넣지 않고 덕산 스님, 임제 스님의 활수단을 말한 것이다. 즉 덕산 스님은 누가 뭐라고 물어도 삼십 봉(三十棒 ; 30)을 쳤다고 한다. 다시 말하면 "불법이란 어떤 것입니까?" 물으면 작대기로 30번 갈겼다고 한다. 그리고 임제스님은 누가 무어라고 물으면 다짜고짜로 '카아(喝)'하고 큰 소리를 질렀다고 한다. 그래서 소매 속에 간직한 쇠망치로 갑자기 상대를 친다고 했다. 여기서는 간발의 여유를 두지 않고, '기(機)'에 따라 '변(變)'에 응하여 묘용(妙用)의 활작략을 뜻한다. 즉 그때그때에 따라 학인을 지도한다는 말이다.

'벽(劈)'자는 쪼갠다는 글자지만 여기서는 팬다. 매질한다는 뜻으로 쓰인다. 그러니까 자기의 본분을 간직했다가 때에 따라 설법도 하고 훈계도 하여 학인을 지도한다는 것을 말한다.

호언한어(胡言漢語) : 호언은 시골말이고 한어는 서울말이다. 그래서 시골말과 서울말을 섞어 쓴다는 뜻이다. 즉 구체적, 논리적으로 체계를 세워 설법하는 것이 아니고 생각나는 대로 말한다. 일반 학문은 체계를 세우고 미사

여구(美辭麗句)로 표현하지만, 선지(禪旨)를 설할 때는 그러한 구차스런 허식이 필요하지 않다. 소위 수의(隨宜) 설법이다.

중국의 조주(趙州) 스님 (778~897)에게 어느 때 한 중이 "개에게도 불성이 있습니까?" 하고 물으니, "무(無)" 라고 대답했다. 이는 유·무(有無)를 초월한 입장에서 한 말이다. 어느쪽이건 불법에 계합되는 것은 사실인데, '무(無)'라고 하면 무에 걸리고 '유(有)'라고 하면 유에 얽매이는 것이 보통이다. 이 둘을 초월하여서만이 선(禪)을 이해할 수 있다.

상봉약해불상식(相逢若解不相識) : 위에 무공용(無功用)의 작략(作略)은 다만 자기 홀로 "웃음이 볼에 찬다"는 경계로서, 다른 사람은 그 입장을 쉽게 알아낼 수 없지만 만약 그에게 짐작이라도 간다면 하는 뜻이다. 시(詩)도 어느 정도 이해하는 사람에게 읊어야 말이지 전혀 문외한에게는 흥미가 없다. 또 술도 마실 줄 아는 처지에 한 잔씩 들어야 흥겹지 마실 줄 모르는 사람과 마신다면 아무리 좋은 백가(百家)의 술이라도 제 맛이 나지 않는다.

무슨 일이든지 피차가 서로 통하는 사이라야만 된다는 얘기다. 선(禪)은 더욱 통하는 사이 아니면 벙어리와 같고 장님과 같다.

'백가(白家)'의 술이란, 옛날 조산(曹山) 스님(840~909)에게 청세(淸稅)가

"원컨대, 저는 고빈(孤貧)하오니 한 턱 해 주십시오."
하니
조산 스님이
"청세야!" 부르고,
청세 "네!" 대답했다.
이 때 조산 스님의 말이 "백가(白家)'의 청주를 서 되나 마시고도 입술도 젖지 않았다고 하느냐!"라고 하는 이 공안(公案)에서 나온 말이다. 《무문관(無門關)》제10칙을 참조하라.
그 당시 청원(靑原)의 백가(白家)에서 양조한 술이 제일 독했던 것 같다. 그리고 "청세야!" 부르니 "네!"하고 대답한 것이 조금도 고빈한 데가 없다. 고빈은 물질적 고빈이 아니고 정신적 고빈을 말한다.

누각문정팔자개(樓閣門庭八字開) :《화엄경》에, 이 남쪽에 나라가 있어 해안(海岸)이라고 이름한다. 정원이 있어 대장엄이라 이름한다. 그 중에 하나인 광대한 누각에 '비로사나장엄'이 있다 보살의 선근(善根), 과보(果報)로 생하여 보살의 원력으로부터 생하며, 내지 '미륵보살마하살' 가운데 안치함이라고 쓰여 있다. 그 누각이란 불지(佛智)의 장엄을 표시한 것이다. 선재 동자가 남쪽 행의 성(城)을 지나 최후에 이 누각에 이르렀는데, 문이 굳게 닫혀 좀처럼 열리지 않는다. 그런데 미륵보살이 손가락 한 번 탁 퉁기니 문이 활짝 열렸다고 한다. 그 굳게 닫힌 문도

상봉불상식(相逢不相識)의 입장인 무공용(無功用)의 활작략(活作略)을 알 수 있다면, 미륵의 힘을 빌지 않아도 문이 팔자(八字)로 활짝 열린다는 것을 말한 것이다.

그러면 이 누각문은 무엇을 가리킨 말인가? 두말할 것 없이 보는 대로 듣는 대로다. 다시 말하면 자고 깨고 일하는 그것이 모두 누각문이다. 그러니까 '문(門)'은 본래의 면목이다. 이것이 열리고 안 열린다는 것은 그 사람 자신에 달려 있다. 즉 진리를 이해할 수 있는 사람이라면 언제든지 활짝 열려 드나들 수 있고, 그렇지 못한 사람에는 굳게 닫혀 개미 한 마리도 드나들 수 없다.

◉ 著者 略歷

- 1924년　日本大學 哲學科 卒業
- 1925년　日本 臨濟宗 妙心寺派 京城別院 專門道場·京都南禪僧堂 修行
- 1941년　日本 臨濟宗 妙心寺派 韓國 開敎師
- 1949년　日本 臨濟宗 妙心寺派 特授 塔住職
- 1950년　東國大學校 講師
- 1953년　海印大學 敎授 (現 慶南大學)
- 1960년　月刊〈大韓佛敎〉創刊
- 1964년　財團法人『法施舍』常務 理事
- 1965년　大韓佛敎 禪道會 指導法師
- 1975년　月刊『禪文化』發行人
- 1983년　市民禪房 指導法師
- 　　　　禪道會 連絡處　☎ 017-750-4252

◉ 主要著書

- ● 禪속에 약동하는 人生　● 생활속에 반야심경　● 무문관　● 十牛道
- ● 禪定思想史　● 禪은 根本科學　● 禪이 우리문화에 미친 영향
- ● 禪宗四部錄　● 불교의 교단생활　● 생활속의 禪　● 禪林句集
- ● 碧巖錄　● 頌古集 上下 (編)　● 人生의 階段

깨달음에 이르는 열가지 단계　십우도

ⓒ 지은이 ── 李 喜 益

佛紀 2529年(1965)	8月 20日 初　版 1刷 發行
佛紀 2547年(2003)	6月 15日 改訂版 1刷 發行
佛紀 2561年(2017)	2月 20日 改訂版 2刷 發行

펴낸이 ── 이 규 택

펴낸곳 ── **경 서 원**

서울特別市 鐘路區 堅志洞 55-2
登錄 1980.7.22.㉠ 第 1-37 號
☎ 02) 733-3345~6
FAX 722-7787

破本은 바꾸어 드립니다.　　값 10,000 원

ISBN 89-85101-41-